公司治理·内部控制前沿译丛

（美）威廉·G.鲍恩　著　　　　　曹莉　译

董事会读本

业内人士给董事和受托人的指南

The Board Book
An Insider's Guide for Directors and Trustees

William G. Bowen

东北财经大学出版社　大连
Dongbei University of Finance & Economics Press

ⓒ 东北财经大学出版社 2010

图书在版编目（CIP）数据

董事会读本：业内人士给董事和受托人的指南／（美）鲍恩（Bowen，W. G.）著；曹莉译.—大连：东北财经大学出版社，2010.10
（公司治理·内部控制前沿译丛）
ISBN 978-7-5654-0136-7

Ⅰ.董… Ⅱ.①鲍…②曹… Ⅲ.公司-董事会-研究 Ⅳ.F276.6

中国版本图书馆 CIP 数据核字（2010）第 180311 号

辽宁省版权局著作权合同登记号：图字 06-2010-01

Copyright ⓒ 2008，1994 by William G. Bowen

东北财经大学出版社出版

（大连市黑石礁尖山街 217 号 邮政编码 116025）

教学支持：（0411）84710309

营销部：（0411）84710711

总编室：（0411）84710523

网 址：http：//www.dufep.cn

读者信箱：dufep@dufe.edu.cn

大连图腾彩色印刷有限公司印刷 东北财经大学出版社发行

幅面尺寸：170mm×240mm 字数：137 千字 印张：11 1/2 插页：1
2010 年 10 月第 1 版 2010 年 10 月第 1 次印刷

责任编辑：李 季 杨慧敏 责任校对：李 伟
封面设计：冀贵收 版式设计：钟福建

ISBN 978-7-5654-0136-7

定价：25.00 元

前　言

　　董事会和受托人委员会的作用是非常大的，如今，人们比以往任何时候都更理解这一简单的道理。"有效"和"有害"治理的全部影响是难以进行测定的，并且也成为了激烈争辩的主题，但是没有人会怀疑它们的真实性。当大型公司如通用汽车（更不用说安然公司了）出现不良状况时，它通常会给社会以及员工、投资者和直接相关的社会群体带来严重的后果。而董事不仅应该对这些不同的相关人员进行负责，而且要提出有关组织战略方向及领导能力的深层次问题，如有必要，可以提出更换首席执行官或建议作出其他的管理上的改变。同样，在非营利性组织中，新闻媒体对"呼呼大睡、无所作为"且绩效低下的董事会也越来越挑剔。毕竟董事会和受托人委员会是复杂组织中的操控装置，它有可能引导组织走上正确的或者是错误的道路。他们不仅要帮助组织避免严重的错误，而且还必须担当首席执行官或总裁的积极合作伙伴，以共同完成高水平的目标。

　　任何一个经常阅读新闻的人都会发现，近年来社会各界对公司治理的兴趣有所增加，这种现象部分是由于广泛宣传的商界丑闻及日益增加的股东维权行动所引发的。重要报纸的商业专栏和体育专栏都充斥着各种戏剧化的事件以及被戏剧性揭露的现象。但另一方面，良好的业绩却往往被忽视，这种不对称是令人气恼却又无可避免的。那些被广泛宣传的愚蠢事例，即使不是彻底的不良行为，也已经导致媒体评论家及金融股东认同董事会应广泛接纳外界的要求，乃至改变他们的结构及习惯的运营形式。

然而，虽然大众对公司治理方面兴趣突增不可否认，但对许多人包括那些在董事会中任职的人来说，董事会实际如何运作仍然是一个谜。权力部门如何分配和行使权力，以及如何限制和控制权力往往模糊不清。暗箱操作是董事会内部及其自身一个非常严重的问题，因为我们所有人的利益都和组织的有效运作有关，这样的组织在许多方面影响了我们的生活和我们的社会。

采用的方法

十多年前，我于 1994 年出版了我的第一本著作《董事会内幕：董事和受托人的治理方法》，它是关于营利性和非营利性组织中董事会及受托人委员会工作的。后来的十多年间，我看到了一些建议，并将这些建议进行总结后在即时的情境中进行了试验。通过在一些组织的董事会任职，比如美国运通公司（American Express）和默克公司（Merck），以及积极参与非营利性的美国教师退休基金会（TIAA – CREF）与美国梅隆基金会的治理，我从中吸取了不少新的经验。此外，我还从自身的经历和朋友们坦率的意见中受益匪浅。这些朋友任职于不同的董事会，其中包括了不同的实体，如世通有限公司（WorldCom）、安然公司（Enron）、史密森尼学会（the Smithsonian Institution）和哈佛大学（Harvard）。

在此期间，很多事情都发生了变化，但并非所有的一切都改变了。公司治理仍是一个吸引人的主题。事实上，公司治理与权力和责任有关，涉及谁行使权力、代表谁行使权力以及如何行使权力。它涉及复杂的人际关系网以及机构关系，在帮助旁观者洞察人类弱点的同时，也给学习抽象组织结构的学生带来了难题。公司治理也似乎是一个相对容易理解的课题，作为一名经验丰富的董事会成员，约翰·C. 怀特黑德（John C. Whitehead）认为："当涉及管理时，每个人都是专家。"

在营利性组织的董事会中，目前最重要的话题就是董事会和首席执行官之间不断演化的关系。在 20 世纪 90 年代中期，一些公司开始考虑设置非执行董事长或"首席董事"这类职位，但是这个话题并没有像现在一样受到重视。现在，人们发现首席董事常集中在营利性组织董事会中（尤其是大型公司的董事会），但是公司治理专业一些消息灵通的学生曾私下表示，当许多人考虑将首席执行官与董事长的职能完全分离这个更激进的选择时，情况就已经发生了某些转变。我怀疑是否存在一个在所有情形下都"合适的"模型，在研究中，我的主要目标之一就是，在建议一种模式或另一种模式最合适的时机之前，详细解析不同方法的优点和缺点。这本书涉及首席执行官、董事会以及如何在他们之间架构最有效的伙伴关系。

《董事会读本：业内人士给董事和受托人的指南》这本书密切关注非营利性及营利性组织，我个人对董事会和受托人委员会都很感兴趣。当然，在这两种类型组织宽泛的定义中，每一种都有各种各样类型的组织。尽管这样的区分有多种用途，但是营利与非营利的区分体系往往过粗，我们至少必须能区分国有的营利性企业和日益增多的私有营利性企业。此外，小型初创企业也显著不同于大型的跨国企业。

在非营利性组织中，慈善性非营利组织（符合接受免税捐款的组织）必须有别于其他非营利性组织，比如工会和行业协会。在慈善团体中，区分服务提供者、寻求资助者与资助方（基金会）很重要。慈善性非营利组织根据其规模、对收入的依赖、创业特点及各自使命的不同而不同。博物馆和民权组织有很大的差异，而民权组织又在基本方式上区别于医院、环保组织和高等院校。

当然，对于这两种类型的组织还应介绍许多其他的不同之处，但是在本书中我主要侧重于大型的、公有的、交易广泛的营利性组织及提供服务、寻求资助的非营利性组织，包括高等院校。但是，我还将对营利性组织和资助型基金会不断增长的私人股本，给出治理方面的评论，并作出说明性的比较。

我对董事会如何运作这个问题的痴迷由来已久，可追溯到20世纪60年代末，那时候我竭力思考越南战争抗议活动和其他校园论战中的大学治理问题。我对公司治理问题的思考可归因于20世纪90年代的收购潮、机构投资者的兴起及商业世界中"水门事件风格"的调查报告的出现。

随后，一系列更加引人入胜的个人经历增强了我对营利性公司的兴趣。不管什么原因（我的妻子认为我是一种病毒，我所到之处都会出现麻烦），我总是直接参与一些让人高度紧张的事件。这些事件包括美国电话电报公司（AT&T）收购国家现金出纳机公司（NCR）、美国运通首席执行官詹姆斯·罗宾逊（James Robinson）辞职、洛克菲勒中心（Rockefeller Center）出售给一家日本公司、读者文摘协会（the Reader's Digest Association）领导人员的被迫更换以及最近默克公司选举新的首席执行官、默克公司自愿从市场中撤下 VIOXX 有关的法律挑战。安妮·阿姆斯特朗（Anne Armstrong）是我在美国运通董事会及史密森尼董事会的同事，她指出正是参与了几次"革命"使她得以仔细思考公司治理的问题。我自己对这个问题的体验及思考的顺序正好和阿姆斯特朗女士一样。

1988 年到 2006 年 7 月在安德鲁·W. 梅隆基金会（Andrew W. Mellon Foundation）担任董事长的经历，给我提供了机会，以了解基金会和非营利性组织通常所面临的挑战。梅隆基金会董事会的工作经历，为我在如何进行董事会激励甚至创新方面开阔了新的视野。但是与潜在的受助者之间的往来，也让我看到了问题董事会的表现，例如，令人痛心的错失机会和资源浪费的现象。

我任职营利性和非营利性组织的双重经历使这本书具有一个显著的特点，即采用比较的方法。我确信通过比较两种不同类型组织中的假设及实际做法，我们可以学到很多东西，而且还具有相当大的提升空间。与通常的印象相反，在处理所有董事会都面临的反复出现的问题方面，非营利性组织董事会的设置有时会优于营利性的公司，包括达成董事会及首席执行官之间的最理想的关系。相应的，非营利性组织的董事会也可以从公司董事会的纪律规范中学到很多，尤其是基准数据的常规用法及对预期结果与实际结果之间差异的持续监测。

虽然这种比较的方法不是通常的做法，但是我认为，当我们想要弄清楚为什么不同的模式会在不同的组织中占据主导地位的时候，可以采用另一种观点来看待一些最棘手的问题。一个恰当的比喻就是国外旅行。我在1974年访问中华人民共和国，访问回国后，我不仅认识到这个历史和文化都与我们有着天壤之别的泱泱大国所面临的难题和机遇，而且还清楚地意识到美国及其机构的特别之处。如今，像印度和俄罗斯（以及一些发展中国家）等国家亟须有效地治理他们不断发展的企业，由于对责任和监管的失察使得向这些国家投资的风险加剧了。美国正设法提高自身的治理机制，如果能将这个国家在公司治理方面最好的经验和知识以合适的方式"出口"，那会是极好的。比较的方法能够并且应该将知识传送到四面八方。

在写这本书的时候，我并没有要求对相当多且迅速增加的文献资料进行完全学术式的审查，我也没有进行新的实证研究。正如我已经指出的，本书各种潜在的原始材料，主要包括我任职不同董事会的经验教训，以及与其他从事类似工作的人们进行的广泛讨论。在评论这些经验教训时（来自我本人及其他人），我并没有试图抑制个人的想法。

虽然部分出于摆脱说教的嫌疑，我在本书中避免提出具体的规范，但我也不是不愿意提出规范性的建议。此外，我也愈发认识到几乎每一个规则都有例外，过于公式化是危险的。不过，在讨论许多问题的时候，我还是采取了说明性的方法。例如，我强烈认为，前总裁或首席执行官继续留在他/她曾经担任领导的组织的董事会中是不明智的；同样，我主张强制性退休。我明确支持这些主张。但是，一些评论员使我认识到，在一些特殊情况下可以不理会这些强有力的推定。因此，我的方法就是说明我所相信的一般规则并尽我所能鉴定这些规则，清除高难度的障碍以证明采取另一种方法的正确有效。

个人经验（尤其是扣人心弦的个人经验）可以帮助一个人异乎寻常地看清一些简单的东西，但是也可能导致一些错误的泛化观念。这也是我能从对本书草稿的批评和建议中受益匪浅的一个主要原因。在不断修改材料、审视以及讨论他人意见的过程中，我越来越清楚地认识到，在讨论公司治理问题时我们许多人都像在写自传一样。在我们自身的背景下，什么起作用、什么不起作用都呈现着一种特殊的气息。

本着充分披露的精神，读者应该知道后面许多相关联的解释是通过推论得出的，我并不具备各种各样的经历，而且我也意识到自身知识的不足，所以抓住大量机会学习关于公司治理的第一手资料。

另外应该提及的一个问题就是风格问题。在我先前的关于董事会的书籍出版之后的几年中，我没有发现任何关于代名词的新的解决方案。当我想要谈及一个组织中的首席执行官或董事长时，不论这个人是男性还是女性，我通常选择继续使用"他"。我也不想使用"chair（董事长）"或"chairperson（董事长）"，尽管有时我确实这样做了。实际上，公司中是有少量女性任职于这些高层职位的，不管是营利性组织还是非营利性组织都为女性提供了一定的发展空间，但是在非营利性组织中，有更多的女性就任高级职位，而且与 1994 年时的情形相比，现在女性就职高层的现象愈见频繁。

我曾经担任以下 5 家营利性公司的外部董事：美国运通公司、默克公司、国家现金出纳机公司（后被美国电话电报公司收购）、读者文摘协会和洛克菲勒集团。我从未在小型初创营利性公司的董事会就职，没有关于新型私人股本的第一手资料，所以无法从这一方面进行说明。但是，我认为我足够了解这种组织的发展，并能对他们治理公司的一般问题进行评论。

我还担任过以下 6 个非营利性实体的外部董事：行为科学高级研究中心（the Center for Advanced Study in the Behavioral Sciences）、丹尼森（Denison）大学、国家教育电视台公共广播实验室（the Public Broadcast Laboratory of National Educational Television）、斯隆基金会（the Sloan Foundation）、史密森尼学会和华莱士—读者文摘基金（the Wallace – Reader's Digest Funds）。此外，我还作为总裁（首席执行官），就职于普林斯顿（Princeton）大学及安德鲁·W. 梅隆基金会董事会。由于梅隆基金会在数字化技术方面开创了先河，我还任职于（并继续任职）下列 3 个独立的、脱离母公司的非营利性组织的董事会：JSTOR、ART stor 和 Ithaka。另外，在某种程度上，由于梅隆基金会对非营利性组织"健康"发生了更大的兴趣，我也了解下列各种各样的组织：美国古物学会（the American Antiquarian Society）、巴恩斯基金会（the Barnes Foundation）、纽约植物园（the New York Botanical Garden）、人口研究局（the Population Council）、纽约历史学会（the New – York Historical Society）、杜克大学、哈佛大学及玛莎葛兰姆舞团（the Martha Graham Dance Company）。

在写这本书的过程中，众多同事和朋友对于书中讨论的话题都作出了篇幅很长的评论，从他们的评论中我获益匪浅。他们的一些想法非常富有洞察力，而且表达非常清楚，因此我将这些想法直接收入本书中，并作了看似恰当的说明或者是未作引用说明。起初的个人感受在后来演变成了一种不同寻常的协同工作，层层注释及对注释的偶尔评论穿插在本书之中。因此，最终的成书带有犹太法典的特征。JSTOR 的创始总裁及 Ithaka 现任总裁凯文·古斯瑞（Kevin Guthrie）提醒我，我的工作成果类似于麻省理工学院倡导的所谓"三个臭皮匠，赛过诸葛亮"的书籍项目。

众多目光敏锐、言辞犀利的评论员对著书过程的积极参与，以及大量文本的互动性成为本书的一个显著特点。我相当重视这些评论员对本书的贡献，因此我在接下来的部分列出他们的名字以及所任职的最重要机构，以表达我的感谢之情。在书中第一次提到各位评论员的观点时，我简短地介绍了评论员，但是我希望有兴趣了解评论员更多详情的读者能翻回到此处查看更详细的介绍。其中一些评论员仅对本书的草稿作过评论，另一些人对本书及其之前的版本都作过评论，最后还有一些仅对第一本书作过评论。

评论员

尊敬的安妮·L. 阿姆斯特朗（ANNE L. ARMSTRONG），战略 & 国际研究中心执行委员会（the Center for Strategic & International Studies）主席，英国政府前大使

小布鲁斯·阿特沃特（BRUCE ATWATER JR.），通用磨坊公司（General Mills）前董事长兼首席执行官

罗伯特·L. 班塞（ROBERT L. BANSE）（已故），默克公司（Merck & Co.）前高级副总裁兼总顾问

刘易斯·伯纳德（LEWIS BERNARD），课堂公司（Classroom, Inc.）董事长，摩根士丹利（Morgan Stanley）咨询主任

亨利·S. 拜汉（HENRY S. BIENEN），西北大学（Northwestern University）校长

约翰·比格斯（JOHN BIGGS），美国教师退休基金会（TIAA–CREF）前董事长兼首席执行官

W. 迈克尔·布卢门撒尔（W. MICHAEL BLUMENTHAL），Blumenthal Partners 总裁，拉扎德公司（Lazard Freres & Co.）前合伙人，优利系统公司（Unisys）前董事长兼首席执行官，前财政部长

德里克·博克（DEREK BOK），哈佛大学（Harvard University）前校长

弗雷德里克·伯希（FREDERICK BORSCH），《新约圣经》教授、费拉德尔菲亚路德教会神学院（Lutheran Theological Seminary）英国国教研究会会长，洛杉矶主教教区前主教

拉里·博西迪（LARRY BOSSIDY），联信（AlliedSignal）前董事长兼首席执行官，明尼阿波利斯—霍尼维尔（Minneapolis-Honeywell）前董事长兼首席执行官

杰弗里·布林克（JEFFREY BRINCK），米尔班克、特威德、哈德利＆麦克柯洛伊（Milbank, Tweed, Hadley & McCloy）前合伙人，TIPHYS Fiduciary Enterprises 及 Poseidon Services Inc 的首席执行官

麦乔治·邦迪（MCGEORGE BUNDY）（已故），福特基金会（Ford Foundation）前总裁，前国家安全顾问

格伦达·伯克哈特（GLENDA BURKHART），读者文摘协会（the Reader's Digest Association）前高级副总裁，难民妇女和儿童妇女委员会（the Women's Commission for Refugee Women &

Children）主席

大卫·M. 卡尔弗（DAVID M. CULVER），CAI 资本公司总裁，加拿大铝业公司（Alcan Aluminium）前董事长兼首席执行官

D. 罗纳德·丹尼尔（D. RONALD DANIEL），哈佛大学（Harvard University）前财务员，麦肯锡公司（McKinsey & Company）前执行董事

拉尔夫·D. 德努齐奥（RALPH D. DENUNZIO），基德尔皮博迪集团有限公司（Kidder, Peabody Group, Inc.）前董事长兼首席执行官

尼古拉斯·多纳蒂罗（NICHOLAS DONATIELLO），Odyssey Ventures 总裁兼首席执行官

小查尔斯·W. 邓肯（CHARLES W. DUNCAN JR.），投资者；前能源部部长

小查尔斯·E. 埃克斯利（CHARLES E. EXLEY JR.），国家现金出纳机公司（NCR）前董事长兼首席执行官

理查德·B. 费希尔（RICHARD B. FISHER）（已故），摩根士丹利（Morgan Stanley）前董事长

肯尼思·C. 弗雷泽（KENNETH C. FRAZIER），默克公司（Merck & Co.）全球人类健康执行副总裁及总裁

理查德·M. 弗劳德（RICHARD M. FURLAUD），Squibb 公司前董事长兼首席执行官

艾伦·弗特（ELLEN FUTTER），美国自然受托人博物馆（American Museum of Natural History）馆长，巴纳德学院（Barnard College）前院长

小路易斯·V. 郭士纳（LOUIS V. GERSTNER JR.），卡莱尔集团（Carlyle Group）董事长，IBM 前董事长兼首席执行官，纳贝斯科（RJR Nabisco）前董事长兼首席执行官

罗伯特·戈欣（ROBERT GOHEEN），普林斯顿大学（Princeton University）名誉校长

威廉·T. 戈登（WILLIAM T. GOLDEN）（已故），公司董事，受托人

哈维·戈卢布（HARVEY GOLUB），金宝汤公司（Campbell Soup Company）董事长，美国运通（American Express）前董事长兼首席执行官

汉纳·霍伯恩·格雷（HANNA HOLBURN GRAY），芝加哥大学（University of Chicago）名誉校长

乔治·V. 格伦（GEORGE V. GRUNE），读者文摘协会（the Reader's Digest Association）前董事长兼首席执行官

凯文·古斯瑞（KEVIN GUTHRIE），Ithaka 总裁

约翰·M. 哈里斯（JOHN M. HARRIS），洛克菲勒金融服务公司（Rockefeller Financial Services）前总裁兼首席执行官

罗伯特·卡斯汀（ROBERT KASDIN），哥伦比亚大学（Columbia University）高级执行副总裁，大都会艺术博物馆（the Metropolitan Museum of Art）前财务主管兼首席投资官

尼古拉斯·卡岑巴克（NICHOLAS KATZENBACH），IBM 前高级副总裁兼总顾问，美国前总检察长，前副国务卿

弗雷德里克·K. 凯利（FREDERICK J. KELLY），西顿霍尔大学斯蒂尔曼商学院（Stillman School of Business of Seton Hall University）前院长

约翰·C. 凯尼菲克（JOHN C. KENEFICK），美国联合太平洋铁路公司（the Union Pacific Railroad）退休的董事长兼首席执行官

唐纳德·S. 拉姆（DONALD S. LAMM），W. W. Norton & Company 前总裁兼首席执行官

理查德·莱曼（RICHARD LYMAN），洛克菲勒基金会

（Rockefeller Foundation）前会长，斯坦福大学（Stanford University）前校长

埃德加·M. 马新特（EDGAR M. MASINTER），盛信律师事务所（Simpson Thacher & Bartlett）的退股股东

罗伯特·迈克卡比（ROBERT MCCABE），Pilot Capital 总裁兼首席执行官

玛丽·帕特·麦克弗森（MARY PAT MCPHERSON），美国哲学学会（American Philosophical Society）会长，布林莫尔学院（Bryn Mawr College）前院长，安德鲁·W. 梅隆基金会（Andrew W. Mellon Foundation）前副会长

迈克尔·S. 麦克弗森（MICHAEL S. MCPHERSON），斯宾塞基金会（Spencer Foundation）会长

阿杰·米勒（ARJAY MILLER），斯坦福大学商学研究院（Stanford University Graduate School of Business）前院长，福特汽车公司（Ford Motor Company）前总裁

托马斯·内夫（THOMAS NEFF），美国斯宾塞—斯图亚特公司（Spencer Stuart U. S.）董事长

斯蒂芬·P. 诺曼（STEPHEN P. NORMAN），美国运通（American Express）秘书

斯蒂芬·奥克斯曼（STEPHEN OXMAN），摩根士丹利（Morgan Stanley）咨询主任，美国普林斯顿大学（Princeton University）受托人委员会执行委员会主席

路易斯·帕伦特（LOUISE PARENT），美国运通（American Express）执行副总裁兼总顾问

艾伦·皮弗（ALAN PIFER）（已故），卡内基公司（Carnegie Corporation）和卡内基教学促进基金会前总裁

弗兰克·波波夫（FRANK POPOFF），美国陶氏化学公司（Dow Chemical Company）前董事长兼首席执行官；化学金融公

司（Chemical Financial Corporation）前董事长

W. 泰勒·雷弗利三世（W. TAYLOR REVELEY III），威廉 & 玛丽学院（College of William & Mary）马歇尔—威斯法学院（Marshall-Wythe School of Law）院长，洪吨 & 威廉姆斯（Hunton & Williams）前合伙人

弗兰克·H. T. 罗德斯（FRANK H. T. RHODES），康奈尔大学（Cornell University）名誉校长

芭芭拉·保罗·罗宾逊（BARBARA PAUL ROBINSON），美国德普律师事务所（Debevoise & Plimpton）合伙人

尼尔·L. 鲁登斯坦（NEIL L. RUDENSTINE），ARTstor 董事长，哈佛大学（Harvard University）前校长

哈罗德·夏皮罗（HAROLD SHAPIRO），普林斯顿大学（Princeton University）名誉校长

詹姆士·舒尔曼（JAMES SHULMAN），ARTstor 执行董事

丹尼斯·T. 沙利文（DENNIS T. SULLIVAN），美国圣公会教会养老金集团（Church Pension Group, Episcopal Church）总裁兼首席执行官

塞缪尔·O. 希尔（SAMUEL O. THIER），哈佛大学（Harvard University）医药保健政策医学博士、教授，马萨诸塞州综合医院（Massachusetts General Hospital）前院长

富兰克林·A. 托马斯（FRANKLIN A. THOMAS），福特基金会（Ford Foundation）前总裁兼首席执行官

莎拉·特纳（SARAH TURNER），弗吉尼亚大学（University of Virginia）教育和经济学副教授

米歇尔·S. 沃曼（MICHELE S. WARMAN），安德鲁·W. 梅隆基金会（Andrew W. Mellon Foundation）总顾问兼秘书

小罗利·华纳（RAWLEIGH WARNER JR. ），美孚石油公司（Mobil Corporation）前董事长兼首席执行官

丹尼斯·韦瑟斯通（DENNIS WEATHERSTONE），摩根（JPMorgan）前董事长兼首席执行官

小克利夫顿·沃顿（CLIFTON WHARTON JR.），美国教师退休基金会（TIAA – CREF）前主席兼首席执行官

约翰·C. 怀特黑德（JOHN C. WHITEHEAD），前副国务卿，高盛投资公司（Goldman Sachs）前资深合伙人及副董事长

小赫伯特·S. 维诺可（HERBERT S. WINOKUR JR.），Capricorn 控股有限公司董事长兼首席执行官，安然（Enron）董事会财务委员会前主席

以斯拉·齐卡哈（EZRA ZILKHA），投资者，公司董事及受托人

哈里特·朱克曼（HARRIET ZUCKERMAN），安德鲁·W. 梅隆基金会（Andrew W. Mellon Foundation）高级副总裁，哥伦比亚大学（Columbia University）名誉教授

本书结构

第 1 章开始提出了一个很基础的问题：我们为什么要成立董事会？我考察了营利性及非营利性组织中董事会和受托人委员会的主要职能及其异同，以及一般商业、社会及政治环境中何种程度的变化能改变董事会面临的问题及董事会的行为。最后，我认为以下两个问题都没有得到完全解答：不管董事会做了什么或没有做什么，外部制约因素能在何种程度上预先决定结果，以及这些外部的阻碍在营利性组织中还是在非营利性组织中更加重要。

第 2 章主要关于领导阶层的问题，尤其是组织中董事会和首席执行官之间的关系。我注意到在美国企业界出现越来越多的"首席董事""主持董事"及"非执行董事长"，并试图解释推动这一趋势的因素。我首先提出了这样的前提，即首席执行官拥

有最高权力的时代（应该）结束，接着我在概念层面上证明，在识别有利于分离首席执行官和董事长的角色实际注意事项之前，可能更倾向于维持联合董事长—首席执行官模式或采纳首席董事的做法，尤其是作为一种过渡的模式。

第 3 章侧重于讨论首席执行官的薪酬这个日益热门的话题。（例如，不止一位美国总统向那些公司的薪酬委员会提出质疑："请注意你们所批准的经理人员的报酬。"）我提出了几种建议，通过这些建议，公司薪酬委员会在行动上可以有更大的独立性并能更成功地将绩效与薪酬挂钩。在非营利性组织中，总裁及执行董事们的薪酬（及福利）也成为更热门的讨论话题，但是，在此我认为给予的薪酬往往不够，而不是过于慷慨。受托人们也必须小心谨慎行使其重要的监督职能，尤其是在"额外津贴"方面。

第 4 章讨论了显著增加的终止首席执行官任期的事例，以及董事会用以决定何时更换组织领导层所需的各种评估流程。我在本章中讨论了营利性组织及非营利性组织中的几个具体事例。这两种组织中存在的一个问题就是给予首席执行官的控制权是否应该根据营利性组织或非营利性组织而有所不同。

第 5 章涉及首席执行官的过渡。本章中首先讨论的话题就是急需改善的继任规划。搜寻过程本身如何进行在这两种类型的组织中都极其重要，同时，从最近招募新的首席执行官及总裁的经历中肯定能够得到一些教训。一个关键问题就是猎头公司的角色，另外的问题就是在找寻新领导过程中应该强调的一些标准。我还谈到了最高管理者"优雅"的退出的必要性以及如何确保新领导有足够的机会开辟他们自己的道路。

第 6 章讨论了建立董事会的问题，这个问题在营利性及非营利性组织中日益并完全地被视作一个持续不断的发展过程。董事会本身的规模很重要，其特有的规模在这两种类型的组织中也不同。个中原因将在后续章节阐述。非营利性组织董事会往往规模太大而效率不足。幸运的是，招募新董事会成员的过程几乎在所有情况下都变得更为专业，与此同时公司独立董事也行使了比以往更多的权力。董事会所需要的综合素质必须给予系统的关注，同时实现并保持多样性在两种类型的部门中都很重要。此外，如今董事会成员的独立性已成为一个比以往更严肃的问题，关键问题包括如何界定独立性及如何真正地而不是仅在表面上实现独立性。我认为对独立性不应该进行太过公式化的定义。在选择董事会成员时，考虑股东和其他当事人应该发挥的适当作用也同样重要（即美国所谓的多数表决的问题）。

第 7 章的讨论重点是董事会的"体系"，包括委员会结构、召开董事会的频率、董事会动力（如何鼓励公开讨论最重要的问题）及适当召开秘密会议。本章中提出了对利益冲突的管理（认为这种情况可以完全消除的想法是幼稚的、不明智的），如何应对董事会泄密这样有争议的问题，以及董事/受托人辞职时机这类被人忽视的问题。我还考虑了董事会如何"修剪树枝"，更换多余的（出于正当理由）或者任职时间过长的董事或受托人，董事会是否应该考虑更多地利用任期限制以确保新鲜血液的注入，以及应如何看待强制性退休的问题。最后，就董事会如何比目前更好地评价自身业绩的问题，我提出了建议。

第 8 章的标题"主题"十分简洁。在这一章中，我首次回到至关重要的首席执行官与董事会关系上，尤其是首席执行官与董事长的关系。另一个再次出现的主题就是，选择拥有采取行动的勇气及意愿的董事会成员的绝对必要性，同时这样的董事会成员还要认识到董事会决策是一项集体责任和一种"团队活动"。接下来我重申了在危机即将到来前，在上文提及的公司治理问题上投入大量时间和精力的愿望。我还讨论了在营利性及非营利性组织中治理模式的共同之处。最后，通过简短谈及为董事会服务的奖励（尤其是无形奖励）这个问题作为本书的结尾。

致谢

如果没有同事及朋友们多年来为我提供与他们在董事会及受托人委员会共事的机会，我可能无法完成本书。这些经历教会我很多东西，我非常感谢那些毫不犹豫欢迎我参与各种讨论并鼓励我采取行动的朋友们。这本书在创作上堪称团结协作方面的楷模。我想再次感谢富有思想的、全心全意的智囊团，他们为帮助我改进这本书中的观点作出了很大贡献。这些令人心悦诚服的批评家们深化了我的想法，并提出了一些具有挑战性的、值得更认真权衡利弊的议题，这些都是我最初没有理解到的。我已经在前言中列出了部分评论员的名字，并作了简单介绍。

特别感谢下列同事和朋友，他们不仅为我提供了实质性的意见，而且一直给我很多鼓励和建议：凯文·古斯瑞和詹姆斯·舒尔曼（James Shulman）（非营利性初创组织的首席执行官，我本人参与其日常事务），斯蒂芬·P. 诺曼（Stephen P. Norman）和肯尼思·弗雷泽（Kenneth Frazier）（美国运通和默克两家公司的高级职员，他们为我提供了最多的机会学习营利性组织董事会的运作），路易斯·贝尔纳（Lewis Bernard）、尼古拉斯·卡岑巴克及保罗·沃尔克（Paul Volcker）（非常睿智的老朋友们）。

苏珊娜·皮希勒（Susanne Pichler）是安德鲁·W. 梅隆基金会一位非常能干的图书管理员。在写作这本书的整个过程中，她一直都是我的合作者。她毫不厌倦地为我推荐新的资料、寻找不易搜寻的参考资料并以无数种方式阐明文本及注释。在这一过程中，苏珊娜得到了丽莎·伯尼费希克（Lisa Bonifacic）及埃伦·纳斯托（Ellen Nasto）的大力帮助。约翰娜·布劳内尔（Johanna Brownell）是我在基金会纽约办事处的助手，她一直积极参与修改本书草稿，更多时候是她独自推动了项目的进展。她的支持极为重要。另外，我非常感谢约翰·赫尔（John Hull），他是安德鲁·W. 梅隆基金会的首席投资官兼财务副总裁；还有剑桥协会的詹姆斯·贝利（James Bailey）及其同事，他们收集了私人股本公司及其治理的相关资料。

感谢我的妻子玛丽·埃伦（Mary Ellen）在成书过程中一如既往给予我的支持和鼓励。

最后，我想感谢从项目最初就一直大力相助的 W. W. Norton & Company 总裁德雷克·麦克菲力（Drake McFeely）及他的首席助理布伦丹·库里（Brendan Curry）。这两位杰出出版者对于本书也投入了个人的兴趣。他们为本书指定了优秀的编辑斯蒂芬妮·希伯特（Stephanie Hiebert），她指出了本书中的许多错误。

本书获得了上述所有人的帮助，我个人承担书中仍存在的不当之处。坦率地说，我希望这本书至少能为董事会及受托人委员会治理当今社会最重要的机构组织提供些许帮助。

威廉·G. 鲍恩（William G. Bowen）
2007 年 7 月

目　录

第1章 董事会的作用及面临的制约因素

　　几年前，我曾经的一位学生告诉我，他收到了加入两家上市公司董事会的邀请。这位学生过去胸怀大略，力图成就一番事业。这两个邀请对他来说都是一次新的机遇，因此他向我咨询应该接受哪个邀请及要考虑的因素。我们的即兴谈话帮助我理解了一个显而易见的观点，那就是有些人已经非常幸运地从各种经历中学到了一些东西，这些东西是我们拥有的潜在背景，但却无需让众人皆知的。我还意识到，可能还有其他人，比如我的朋友，对于他们来说，综观全局是有益处的。我在这个提纲挈领的章节概括了如下一些关于董事会的非常基本的观点：董事会如何运作、工作环境的变化对他们产生什么影响，以及营利性的和非营利性的董事会怎样受到不同因素的制约。

为什么需要董事会？

　　"董事会和受托人委员会到底起什么作用？"一开始就询问这个问题是很有帮助的。为什么在那么多的事例中，相对其他管理模式来说这种监督机制更为可取？唯一的解释就是企业法人形式是非常有益的，它要求董事会的存在。非营利性及营利性组织董事会都受益于法人形式的法律保护，尤其是有限责任公司。这种公司区别于合伙公司或非法人企业。此外，这种公司便于非营利性组织董事会通过与一般管理委员会结合及运作来满足监管的要求。

并且，还有更深层次的考虑。营利性及非营利性实体都是在很复杂的环境下运作，在这种环境中，很多事情都是不确定的。通过董事会机制行使共同责任虽然会减缓决策过程，但也抑制了雄心勃勃的独裁者的狂热。一个妥善运作的董事会通过多层面的判断，可以起到制衡作用，并防止滥用权力、私下交易、偏袒及愚蠢行为。更重要的是，董事会的存在鼓励发展共同的制度目标及在更为广泛的社会、经济和政治环境下作出决策的意识。相对于那些沉浸在日常责任中的董事和受托人，非常任董事和受托人能从更广阔、更公正的有利角度处理问题。他们能为棘手的问题带来新鲜的处理方式，同时他们还可以代表公司或大学向外部支持者进行证明。对营利性及非营利性组织，董事会都可以担当有价值的连接桥梁，连接起公司或社会服务提供者与制约组织在许多方面成败的外部世界之间的各项具体工作。

诚然，董事会在这样的设置比在其他的设置更加有帮助。哈佛大学前校长及长期在不同非营利性组织董事会任职的德里克·博克（Derak Bok）指出，在较小并且员工高度缺乏专业知识的组织中，董事会是最有用处的。此外，在至少有一些成员具备足够知识的组织中，当这些组织运用知识来促进实质性的想法或发出大的预警信号时，董事会是最有效的。最后，不管是在营利性还是非营利性组织中，初创的小规模组织尤为可能受益于明智的董事或受托人的想法和直觉。风险资本公司通常坚持设立一个或多个董事以监督他们的投资，并提供战略性建议。非营利性组织也有类似的情况。根据我自己的经验来看，JSTOR、ART-stor、Ithaka 及所有的小规模初创企业的受托者都在讨论战略方向和成事方法时提供了巨大的帮助。

即便有这些优势，董事会也远非是完美的。不过，对于大部分复杂的实体，当董事会或受托人委员会转化为有效的决策机构并由精心挑选的成员组成时，我仍相信他们的想法这种设置比其他任何已知的替代办法更可取。

董事会是干什么的？

一般情况下，所有的董事会都有一个主要的责任，即建立一个有效的组织，而其他的一切都是衍生物。已故的肯尼斯·代顿（Kenneth Dayton）是明尼阿波利斯城的营利性及非营利性组织中的主要人物，他坚持认为"治理就是治理"。而另一位明智且经验老到的观察者，美国前司法部部长、曾经担任 IBM 公司总顾问的尼古拉斯·卡岑巴克（Nicholas Katzenbach）认为，营利性与非营利性组织董事会的根本区别在于他们的角色而不是他们做了什么。这不是一个能在理论上得到解决的争辩问题，两种观点都是有价值的。

基本上，所有的董事会都承担了 8 种主要职能。在不同的环境中，这些职能的重要程度也有差别：

1. 选聘、激励、提供建议、评估、薪酬及必要时更换首席执行官

《经济学人》早期编辑沃尔特·巴基霍特（Walter Bagehot）曾经将君主的固有权力描述为"接受磋商权、奖励权、警告权"。对于董事会的权力，我们添加了选聘、设定薪酬及解雇这三项权力。尽管选聘、设定薪酬及解雇都是需要合集体之力才能完成的行动，但激励和警告经常能由单个的董事会成员或董事会全体做出。我将在本书的第 3 章、第 4 章和第 5 章中进一步说明选聘、薪酬及解雇的职能。我们一点也不夸大董事会积极参与首席执行官及其任期的决策的重要性。

有时候董事会的职能是被低估的（得到较少的理解），其职能被认为是在董事会议之外为首席执行官或总裁提供非正式的建

议。一些评论员认为这才是董事及受托人们的最重要职能。任何一位组织领导人肯定都能认识到，对真正有见识的有关人士的公正意见的需要，而这些有关人士绝不仅是争执、辩论的参与者。当然，首席执行官必须接受有价值的建议，但往往是那些最需要建议的首席执行官最不愿意接受他人的建议。

2. 讨论、审查及批准战略方向

在营利性及非营利性组织中，讨论、审查及批准战略方向这一中心任务或多或少地涉及不断询问基本假设和优先事项。无论是季度营利还是捐赠款的意外短缺，董事会都有责任采取长远的观点并抵制过分强调短期考虑的倾向。这两种组织都越来越重视发挥董事会的战略规划功能，只要进程没有脱离主旨，那这一切就都很好。在非营利性组织中存在一种看似明显的风险，即仅推断趋势并创建电子数据表就能改变在优先事项、艰难抉择及产生实际驱动力的行为等方面所做的思考。

还有一种将参与确定方向与实际制定政策相混淆的危险。这两种组织的董事会几乎都从来没有以非常彻底的方式制定政策。相反，他们提出问题，争辩政策的选择，并最终通过或否决总裁或首席执行官给他们提供的建议。正如卡岑巴克观察到的那样，董事会从零开始制定政策的想法是非常令人恐惧的，这必将制造混乱。政策需要通过全职负责人和胜任的工作人员进行持续关注，经过深思熟虑的加以制定。

但是，董事会可以有效地参与政策制定的过程：首先，提出本质上几乎和财务完全无关的恰当问题；其次，确保每一个行动的实际方针已经确定，并在权衡了主要选择的成本和效益后认真地进行尝试；最后，偶尔介绍新的办法。当董事会运作良好的时候，这个过程是简单的、互动的且重复的。它包含了董事会成员、首席执行官和其他高级职员间在会议内外发生的频繁的想法交流。通常到最后没有人能确定谁首先提出了一个想法。一个密切配合的政策制定过程就是对有关各方的称赞。

3. 监控业绩

一旦领导到位并确定了战略方向及优先事项，董事会的职责就是定期审查在实现商定目标上的进展。几乎所有的公司董事会都了解这一责任，他们习惯于定期审查正在进行的计划的结果。事实上，营利性组织中真正的危险就是花费太多时间和精力审查及分析每季度结果中的小变化，而不是侧重于研究更大的趋势及出现的挑战。而在非营利性组织中，经常出现无实际规划的情形，更令人惊讶的是，所采用的规划也没有通过甚至最基本的方式进行跟踪。在梅隆基金会中，当对一些具体情况的拨款提议进行审查时，工作人员却无法确定以前设定的目标是否曾经被实现。

在这些方面，许多非营利性组织需要向他们营利性组织学习。明确目标和时间框架，并关注简单的基准，可以降低意外事件的风险。然而应该承认，由于概念问题（什么是需要测量的最重要的结果，以及对它们如何进行测量）和特殊的会计惯例，非营利性组织中一些部门的监督任务极为复杂。

4. 确保组织可靠有效地运作

当然，必须采取正当的途径实现目标。因此，所有董事会的一个重要职责就是鼓励建立合适的"高层基调"，确保政策和程序适当并符合法律法规及伦理道德标准。合理履行这一重要责任包括保护组织反对利益冲突，确保在恰当的地方进行适当的控制以监督开支，以及额外津贴的发放。

5. 按照具体政策建议行动，并动员支持所采取的决定

无论董事会在制订和监督战略计划中起什么作用，他们有一个明确的责任，就是按照具体的、可运作的且战略性的建议采取行动。在营利性及非营利性组织中，董事会在重大政策问题上的投票使决定合法化，并在某种程度上成为最终的决定，因而组织

的业务能顺利进行。尽管董事会也审查，有时还批准管理性的决定（例如，任命职员或给大批员工加薪），但董事会基于战略和政策推荐建议的行动尤其具有特别重要的意义。

按照推荐建议采取行动是必然的，这就需要董事会去动员对所采取决定的支持，尤其是对有争议的决定。这在非营利性组织中是一个至关重要的功能。以我大学时代的一次投票为例，1969年普林斯顿大学受托人委员会对普林斯顿男女同校的建议进行投票，这一决定的正确性在事后看来是那么明显，以至于难以回想在当时引起了多少争议。受托人委员会在漫长的研究和争辩过程之后的行动，给这一不得不解决的问题做出了最终定论并使得这所大学有序地向前发展。

6. 为总裁或首席执行官提供缓冲——通俗来讲就是"减轻一下压力"

特别是在一些非营利性组织中，董事会需要保护总裁或执行董事免于特殊需求的诱惑和自私的压力，包括仅仅是为了安抚吵闹的成员采取的行动。在某些情况下，总裁可能需要对某些个体作出承诺，如医院的医生、大学的教学人员或博物馆的可能捐赠者，这些事项将提交董事会审议，即使总裁已清楚地意识到可能的（负面）结果。但是应该承认，在一些情况下，董事会成员自身就是代表特殊利益者施加强大压力的来源。在高等院校中，竞技运动就是最明显的例子。一些评论员已经注意到受托人们的诡辩术在基金会组织中是一个特别严重的问题，尤其是当一种"参议院礼仪"盛行的时候。一位经验丰富的受托人（约翰·C. 怀特黑德（John C. Whitehead））沮丧地谈到"政治拨款的互惠性"。

7. 确保必需的人力和财力资源以推行组织的战略及实现组织的目标

所有董事会都有一个共同的责任就是按照关键的人事建议采

取行动，这些对于营利性和非营利性组织保持人力资源的可雇用性是非常重要的，并且可以强化继任规划过程，正如在第 5 章详细讨论的那样。通过关注首席执行官之外的高级职员在正式会议中的业务陈述已及在非正式场合对他们的了解，董事会成员也能协助首席执行官调动并鼓励管理团队的成员。此外，董事会成员仅须出席一些仪式和大型的、准公共的或管理会议，就能够提供宝贵的支持。伍迪·艾伦（Woody Allen）说得非常正确，有很多事情仅是"做做样子"。

依赖于捐款的非营利性组织董事会也必须投入大量的时间和精力于募集资金及动员志愿者。每个受托人必须是负责任的拥护者，要作出有意义的个人财政承诺并承担筹款责任。但是非营利性组织董事会的成员还应该明确拒绝提议赠送礼物，特别是意外提供的以货代款的礼物。在无明确的计划或无法保证长期需要的资源的情况下，承担新责任具有明显的风险。凯文·古斯瑞（Kevin Guthrie）是我在 JSTOR 的同事及 Ithaka 的现任总裁，他曾建议说，在许多情况下，明智的忠告就是"别接受美洲虎牌汽车"。他提到一个游戏节目，在这个节目中一位嘉宾赢得了一辆美洲虎牌汽车，这位嘉宾可能会因为诱惑，在没有认真考虑养车及缴纳保险和支付所得税的成本的情况下就接受了这份"免费的"奖品。

除了发动新的支持，拥有大量捐款或其他货币资产的非营利性组织的董事会必须监督委托给机构的投资资金。通常情况下，拥有大量捐款的非营利性组织依赖于受托人投资委员会并招募具备投资专长的董事会成员。这些董事会还依赖于内部工作人员以监督筛选资金经理或者管理他们自己的一些资产。

8. 推荐适合进入董事会的候选人，在董事会中建立并实施有效的治理体系

营利性及非营利性组织的董事会，都对董事会的构成及董事

会履行职责的方式承担直接责任，通常由董事会治理委员会执行这一重要职能，包括确保董事会的成员有才能、正直、视野开阔、观点全面。偶尔令人不快但却必要的职责就是协助罢免必须更换的董事或受托人。

回归使命

　　在营利性及非营利性组织的董事会中，虽然存在大量相似点，但是其特有的关注点及心态却有着天壤之别。在非营利性组织中，使命是一种特别强大的驱动力。简而言之，营利性组织董事会集中精力制定并执行广泛的战略以增强股东价值；非营利性组织董事会更致力于他们组织中特殊的"使命"。

　　营利性组织的董事会没有义务从事任何特定行业，他们可能会公开考虑许多各种不同的战略选择。企业的目标不是继续无限期地从事任何特定行业，而是寻找最好的方法配置公司的资产和其他资源。兼并、收购及转让部分投资都是正常的行动。实际上，营利性组织的一个关键责任就是确定应该抛售的业务以及探查新领域的需求。"通用电气（GE）"这个名称仅告诉我们通用电气公司目前从事的广泛业务中的一小部分。正如一个人所说的那样，基于沉没成本或传统而忠实于任何产品线就是"播下了衰退的种子"。当然，许多营利性组织有意维持特定活动领域的历史联系，福特公司如不生产汽车对许多人来说是似乎非常奇怪的，但是无法逃避的惨烈真相是，2004 年在《财富》杂志评选世界 500 强的 50 周年之际，曾名列其中的 1 877 家公司中仅有71 家自创办以来一直名列榜上。

　　相反，非营利性组织的董事，不仅有着两种类型组织的董事会成员都要具备的谨慎和忠诚的法律义务，而且还有丹尼尔·库尔茨（Daniel Kurtz）所称的"服从"的义务。这种额外的义务约束受托人和董事"在法律允许的范围内开展忠实于组织规定使命的行动"。如果一个非营利性组织的董事会希望改变组织的基本目标,"可能需要一些一般公众的代表们(如州检察官)的参与和赞同以及法院的认同"。

在非营利性组织中,"毫无疑问,组织本身就是使命和宗旨的延伸",正如芝加哥大学杰出的前校长汉纳·格雷(Hanna Gray)所解释的那样:

> "学术机构在教育与研究服务以及卓越追求方面进行如今这样的组织和治理是有其基本原因的。教职员工并不仅是致力于他们在本机构内外专业的'专业人员'……或者乐于制定大学的复杂决策的古怪人士。他们是独立的天才及智慧的企业家,苛求学科的发展……实际上这些人在治理过程中具有固有的权利并在大学中享有至高无上的权力,并做出最终的学术判断。而成立董事会的一部分原因是为了确保这种自由和创造力,并保护这种过程及尽可能使这种过程的环境保持健康。简而言之,董事会的存在就是为了支持某种使命,为了其所在机构的长存。现今的情况并不能通过受托义务、直接的关照及企业资产的维护来保证其未来,而且这些资产是专为追求某一特定任务和有关目标而受托的。"

总之,学术机构的治理直接源于其使命及教职工完成使命的方式,其他非营利性的慈善组织要通过完全不同的方式来界定自身的性质。假设芝加哥大学已然淡忘了创建的原因,而将它作为一个致力于改善芝加哥南边区域的非营利性组织,那么它就不再可能成为一所大学。非营利性组织之所以如此斑驳陆离,是因为每一个组织都有一个紧密关联的特定使命,而且这种关联性往往是世代延续的。例如,哈佛大学是美洲大陆上历史最悠久的"公司",近三个多世纪以来一直是高等教育机构的领头军;而美国哲学学会成立于 1743 年；纽约历史学会则在 2004 年庆祝了成立 200 周年。

非营利性组织可能往往为了某些纲领性的或财政方面的原因，明智或不明智地扩大其规模，像如今已成立超过百年的儿童发展基金会开始成为援助残疾儿童的协会。营利性公司可以返还股东的资本，而"不分配约束机制"则禁止非营利性组织考虑向"所有者"返还任何多余基金，这就使其倾向于不断扩大规模。

基于在营利性的高盛公司的丰富经验，以及作为包括国际救援委员会在内的许多非营利性组织的受托人，约翰·C. 怀特黑德简洁地概括了如下中心思想：

> "营利性组织董事会有义务避开麻烦，而非营利性组织董事会如果要忠实履行其使命的话，可能有义务处理这些麻烦事。"

然而专注于使命也不是一个简单的问题，非营利性组织往往面临着艰巨的任务，即在他们的重点领域的各种有价值的活动中作出选择，然后在多个选项中进行选择时，他们需要找寻凯文·古斯瑞所称的"使命的最大回报"。古斯瑞认为：

> "很多人喜欢讨论非营利性组织必须如何奉行双重底线及底线是如何的更加复杂，这其实并没有完全领会问题的关键所在，因为这也是一个优先顺序的问题。非营利性组织必须利用财务资源来完成使命，并且需要通过配置金融资产，展开战略等以提供社会福利。营利性组织同样也奉行非量化目标，但其最终目标是最大限度地提高股东回报率。
>
> 因此，非营利性组织必须拿出办法来衡量使命的回报而不是投资资本的财务回报。但这是一件非常困难的事情。如何得知其是否有效？如何衡量其进展？必须从

目标的实现以及领导者如何衡量目标的实现这两方面来
评估其效果。那些一帆风顺的非营利性组织会忽略这一
点，并仅基于财务业绩开始评估。"

在本章结尾处，我将折回讨论非营利性组织所受到的各种制
约因素不同于那些营利性组织的根本关键之处。但是，我首先想
讨论过去几十年内影响营利性以及非营利性组织的各种环境和制
约因素的变化。

不断变化的环境和制约因素

这两种类型组织的董事会可以在任何环境下运作。无法否
认，过去六年来的丑闻和随之而来的媒体关注，以及监管结果已
经改变了影响董事会行为的假设和前提。

丑闻及其后果

人们一致认为安然公司和世通公司的破产是一个时代的标志
物，这个时代的特征就是自大、贪婪和无耻的企业行为。2001
年年末，安然公司的解体及随后世通公司的破产对股东、员工、
供应商及相关的群体都造成了毁灭性的影响。这两家公司戏剧性
的失败吸引了前所未有的关注，并由此引发出版了相关的书籍和
报告，制作了相关的电影及对一些公司高级职员的刑事指控。其
他广泛传播的案例还包括泰科电子、房利美及对理查德·格拉索
（Richard Grassn）退出纽约证券交易所的处理。

曾经辉煌的企业巨头和一些非营利性组织都有大量的经验教
训，这些经验教训直接指向贯穿本书的关于董事会治理的核心问
题。我在书中记录这些案例的本意并非暗示不良行为就是各种类
型组织中的常态；与此相反，我认为其中有很多值得称赞的做
法，不良行为只是异常现象。不过无可否认，一些陋习和犯罪行

为对监管环境造成了重大影响，也影响了公众对董事会工作的看法。这些事态的发展也有助于许多大型公司在力量均衡上的真正转变。

迄今为止，最有影响力的监管反应就是 2002 年 7 月 30 日一致通过的萨班斯—奥克斯利（Sarbanes-Oxley, SOX）法案，其紧随对安然公司及世通公司破产的铺天盖地的报道之后。SOX要求由证券交易委员会（SEC）监管的上市公司满足新的标准。该法案提出充分披露财务报告，包括资产负债表外的交易；要求这些报告得到首席执行官和首席财务官的确认；强调管理层要建立和维护一个有效的内部控制系统；董事辞职时要求公司向 SEC说明发生的事情；并规定必须设有真正独立的、具备财务知识的审计委员会，这个委员会的所有成员中必须至少包括一位"金融专家"，该委员会负责聘请一个外部审计公司与其一起评估内部控制系统的有效性，并确保公开这些控制系统的任何"实质性弱点"。

任何具有深远意义的法规，必然会在要求是否过多，或法规的好处是否超过了遵从法规所需的成本等问题上产生争论，但是评估这些批评意见是否有效远远超出了本书的研究范围。根据我自身在 SOX 颁布前后，作为美国运通审计委员会成员"饱受折磨的"经历来看，我能证实伴随新的立法而急剧增加了工作量。为了保持与其他人一致，我也曾想知道是否有其他办法实现目标，而无需这些花哨之举。现在，SOX 无论好坏，都是 SEC 所监管的公司运作过程的一个主要监管制约因素。正如以斯拉·齐卡哈（Ezra Zilkha）（一位明智的，曾在多个董事会任职的精明投资者）所说的那样："如果每个人都能谨记儿时'不撒谎、不欺骗、不偷盗'的教诲，那么我们根本就不需要 SOX 法案。"但是他又补充说："尽管如此，由于人的本性使然，SOX 法案仍是必要的。"

　　SOX 法案的一个影响就是，使得管理人员及上市公司所有者更易于收到私人股本投资者提出的收购他们公司的提议。虽然这不是私人股本流动性爆炸式增加的主要原因，但不难发现为什么管理人员及董事们可能倾向于摆脱他们视作由上市公司所导致的过度管治的成本及麻烦。私人股本流动性的爆炸式增加主要由现成的廉价债务和股市的高涨所造成。同时，正如一些在运作私募股权基金方面有经验的评论员所强调的，免于 SOX 法案并非无视财务控制，而是往往依赖于由私人股本公司选出的独立董事以确保在恰当的地方进行适当的控制。

　　比起 SOX 法案，一个更为强硬的阻止不良行为的因素就是刑事诉讼的威胁。在安然事件判决后第二天的一篇社论中，《华尔街日报》指出："如果有人仍然认为公司首脑凌驾于法律之上，那么昨天因为安然前首席执行官杰弗里·斯基林（Jeffrey Skilling）和肯尼思·莱（Kenneth Lay）而被判决有罪的 29 人应该结束了这个神话。"这篇评论中还说道："世通公司首席执行官伯尼·埃伯斯（Bernie Ebbers）现正面临 25 年……我们认为仅在安然事件中有大约 30 人被定罪将比 SOX 法案更有助于阻止未来的公司犯罪行为。"

　　SOX 法案、刑事诉讼、安然公司及其会计师事务所安达信的倒闭所导致的一个意外后果就是，人们认为会计行业普遍变得更加保守，甚至在有些人看来是过于保守。一位评论员说："我认为，虽然现在会计师事务所的数量减少了，但它却拥有了前所未有的权力，其运作小心翼翼，并且效率低下。"据称，会计师事务所有时还将自身利益置于客户利益之上，不过这点确实难以判断。的确，会计师事务所的权力相当隐匿，这在很大程度上是因为有时没有明确说明原则以及没有公开讨论这些原则。

　　其他一些评论员，包括在安然董事会任职的赫伯特·"帕格"·威诺克（Herbert "Pug" Winokur）认为，这一系列的教训导致董事们询问一个令人不安的问题：董事如何知道公司聘请的管理人员或会计师及律师正在说谎？本书第 5 章将返回讨论这个基本的诚信问题及如何对其进行评估。我们可以通过威诺克的如下结论做出预期：不管喜欢与否，董事们不得不更积极主动地探查他们所依赖的信息提供者的诚意。

除了 SOX 法案的出台，营利性组织董事会运作的环境还发生了其他一些重要变化。首先，明显增加了对上市公司行为及董事会对其监督的有效性的详细审查。投资者，尤其是机构投资者，更加积极地挑战营利性公司的管理层及董事会，同时"股东维权行动"及其影响也越来越多地被提及。在最近的一篇文章中，机构股东服务公司（ISS）报道，在他们所研究的 51 次争夺代表权的斗争中，有 31 次是通过将一个或多个董事会席位让与挑战者得到了解决，但不是投票表决。活跃分子们自愿发起斗争，并且他们打算继续施加压力。

美国运通的秘书斯蒂芬·P. 诺曼（Stephen P. Norman）通过对公司境况的长期观察，发现首席执行官的任期正在缩短（详见第 5 章）。诺曼怀疑股东们越来越激进的思想与这一趋势关系甚大。股东及董事会根本不会容忍令人失望的业绩或严重缺乏判断的迹象。菲利普·帕塞尔（Phillip Purcell）离开摩根士丹利，亨利·麦金内尔（Henry McKinnell）离开辉瑞，罗伯特·纳德利（Robert Nardelli）离开家得宝以及理查德·格拉索离开纽约证券交易所常常被视为这方面的事例。

详细彻底的审查，特别是来自新闻媒体的审查，显然已成为一个更重要的制约因素，同时也是一个与企业领导能力越来越相关的因素。没有人乐于被奚落或处于困窘之中，许多人也不想受到媒体的蓄意批判，董事会的成员们当然也有同样的想法。近年来，媒体更津津乐道于追捕可疑的行为，然后不断地进行旁敲侧击式的批评。《华尔街日报》和《财富》杂志上的故事对安然公司的高管不断施以压力，很显然，困扰肯·雷（Ken Lay）的问题更多地来自媒体报道而不是潜在的商业难题。安然公司负责公关的领导认为："我在为一个妄想狂似的董事长工作，他认为所有公司都会遇到公关难题，这些难题可以通过新闻报道予以解决。"

大量的新闻报道无疑助长了对摩根士丹利、辉瑞和家得宝领导层的争议，并且这种争议也得到了广泛的宣传。媒体的影响力能改变在任期内的首席执行官的命运，一个最突出的例子就是纽约证券交易所前掌门人理查德·格拉索的让位。正如芝加哥商学研究所教授路易·吉津加莱斯（Luigi Zingales）所说的那样："关于格拉索和纽约证券交易所，证券交易委员会在《华尔街日报》报道了格拉索的高薪事件后，开始质询纽约证券交易所董事会及其薪酬方案。高薪新闻的报道，以及随之而来的公众强烈抗议迫使曾投票赞成这种薪酬方案的董事解雇了格拉索……尽管纽约证券交易所的所有董事都曾投票支持该薪酬方案，但一旦信息公开后，即便是最支持商业的报纸也极力否定了格拉索的薪酬方案，于是很多董事也改变了原先的立场。"

免于激烈的、日常的公众监督是吸引各家公司走向私营化的另一个因素。私人股本公司瑟伯勒斯购买克莱斯勒很好地证明了，私人投资将是否实际上允许管理层"很大程度上专注于生产更佳汽车的日常业务"。私人股本的一个实际优势就是管理层和董事能花更多时间处理关键业务问题（而不是进程问题），也不必担心分析师和投资者将对季度收益中的小问题做出何种反应，而且这些问题也不用汇报，工作的重点在于创造价值。鉴于私营公司以经营业绩为重，可以推断出，至少有一些在私营公司董事会就职的董事拥有实际的运营技能及行业知识。一些有识之士指出，一个危险是有可能"金融工程师"式的投资者将在董事会占据主导地位，他们更关心资本结构及快速的回报而不是创造经济价值。

董事会运作环境还发生了其他一些变化，其中一种变化和股东的含义有关。由于衍生金融工具的使用，经济利益正越来越脱离于形式上的所有者利益。此外，指数化证券投资基金的增长，包括间接拥有许多公司，使得所有者责任的履行变得极为复杂。指数化证券投资基金是否应该将投票权返还给所有者，正如经纪人对按行号代名持有的股票所采取的做法那样。这些都不是新的问题，但是这些问题似乎比以往更复杂。甚至推测有出售表决权的可能，因为共同基金往往对股票表决权没有兴趣，而对冲基金则可能愿意为了控制更多的选票而进行付出。

当 AT&T 收购 NCR 时，根据查尔斯·埃克斯利（Charles Exley）的经验决定了由谁真正代表所有者的利益。多年后我认识到这是个讽刺。尽管埃克斯利本人的数千万美元资金正处于危险之中，但是他发现他受到了来自机构股东代表的挑战，用埃克斯利的话来说："这些股东不会遭到丝毫损失。"更有趣的是那时指数化证券投资基金所表现出的复杂问题，那个时候这些指数基金也和现在一样重要。这些基金怎样持有 AT&T 和 NCR 的大量股票，并面对真正的投票冲突问题呢？这些都是 NCR 董事会和埃克斯利在决定如何应对 AT&T 提议时必须考虑的复杂问题。

快速增长的私人股本及越来越多的私人控股企业说明了对这些问题的一个反应。私人控股公司，包括风险资本家及其他私营公司提供启动资金的公司明确代表所有者的利益。在这些情况下，真正所有者及管理人员的利益密切结合，这种密切程度远远超过在营利性上市公司中的情形。董事会成员和管理人员"自掏腰包购买公司股票"。资深管理人员领导私人控股公司（假设都是成功的公司）而获得赚取大量金钱的机会对上市公司还有另一个影响，即加剧了人才竞争。

越来越多地使用机构股东服务公司发布的治理等级和治理系

数，以及对董事会业绩的其他监控向董事会成员提出了另外一个问题。这些组织权衡他们所采取措施中的各种参数时，其方法往往不太明确。如果一位董事其公司治理指数为 39 而竞争对手却达到了 93，那么这位董事应该作何感想呢？正如一位评论员所质疑的那样："他是否应该处罚其治理委员会呢？"我自己的观点是，董事会应该认真对待这样的排名，但同时董事会不应该受制于旁观者关于何为好的治理能力的观点。面对不利的排名，在经过仔细考虑并认定这样似乎是合适做法的时候，坚守原则并没有错。

接下来的部分将探讨非营利性组织中各种背景及制约因素的变化所带来的副作用。这种讨论将导致对两种不同类型组织中限制董事会选择的各种不同外部因素的审视。

监管和媒体的制约因素

在慈善性质的非营利性组织中，没有像困扰诸如安然公司及世界通讯公司这样的丑闻。我无法想起一所著名的大学、博物馆或非营利性服务的提供商被逼破产的事例。当然，在非营利性组织中也会有争论以及可疑的行为，但其影响甚小。

非营利性组织中的诸多问题中最常见的就是围绕着薪酬、开支及总裁和执行董事的额外津贴。例如，2005 年美国大学（American University）的开支丑闻事件，前校长本杰明·拉德纳（Benjamin Ladner）大肆挥霍金钱，美国参议院财政委员会对此进行了调查并导致随后在学校治理上发生了重大变化。加利福尼亚州的盖蒂信托基金会发现自身陷入一系列大肆宣扬的纠纷中，许多新闻媒体报道了该基金会可疑的开支项目及其缺乏足够的董事会监督，这些纠纷在 2006 年随着其首席执行官巴里·穆尼兹（Barry Munitz）的离职而结束。史密森尼学会的秘书拉里·斯莫尔（Larry Small）在一次内部审计及国会委员会质疑其自身的开销记人史密森尼学会的费用开支后，于 2007 年辞职。

　　对薪酬及额外津贴加强检查使得非营利性组织重新审视其政策及监督机制。许多业内人士讨论了是否应该自愿采纳 SOX 法案，因为 SOX 法案只适用于在 SEC 注册的以营利为目的的公司。尽管鲜有非营利性组织董事会完全采纳了 SOX 法案，但是仍有一些非营利性组织成立了独立的审计委员会并制定了审查总裁/首席执行官薪酬及开支的正式流程。许多依靠资金筹募机制的非营利性组织提出了关于独立和冲突的问题，这些问题虽然重要，但在主要方面与营利性组织中相应的问题还存在差别。此外，非营利性组织可能不愿意将稀缺的资源用于进行谨慎的监控以及那种营利性组织所要求的复杂报告。由于这些及其他的一些原因，我也反对在非营利性组织机械地应用 SOX 法案。

　　我个人认为，立法者应该抵制以通过新的法令来应对每一个察觉到的不良行为的诱惑。美国德普律师事务所的前律师、新近上任的纽约非营利性组织协调委员会主席乔恩·斯莫尔（Jon Small）指出，最近参议院研究报告提及的 94 起滥用职权的事件中已有 92 起被确定为不合法。具讽刺意味的是，制订更复杂条例的压力源于，美国国税局没有投入足够的资源以确保现有行为标准的执行。监管机制应该保持对非营利性组织行为的主要制约，但是我们不必比现在更加依赖他们。

　　非营利性组织中另一些制约因素包括"媒体监督"及"不良宣传"。非营利性组织的受托人，和营利性组织董事会成员一样，非常关注自己的名声以及人们对与其相关组织的评价。盖蒂信托基金领导班子的调整及董事会治理的变化，毫无疑问起因于媒体尤其是《洛杉矶时报》对其管理做法毫不留情的报道。著名的纽约市现代艺术博物馆（MoMA）花费大量秘密资金增补其董事 G. D. 罗瑞（G. D. Lowry）的薪酬，此事的败露加上不利的宣传使得该博物馆受到巨大的影响。

　　非营利性组织中尤其是在高等教育和卫生保健领域，由于治理的"玻璃缸"性质，如果及时采取行动明确责任，那就可以防止重大失误，或者是在事后说明对人员配置和治理措施进行改变的必要。可以肯定的是，各大媒体都集中于错误事件并转移人们对根本性问题的关注，但总的来说我确信对高等院校进行相对高强度的监督是有益处的。

　　非营利性组织及营利性组织都受到内部建设进程的制约。这种制约因素在高等院校中特别重要。长期的内部决策过程，包括为很多课程事务、学历要求和学术职位负责的教职员工代表，限制了受托人去完成可以做的及应该做的事情。议事程序及公司章程在非营利性组织及营利性组织中发挥了相似的作用。

　　然而，法规、媒体监督和内部程序要求在非营利性组织或营利性公司中都不是最重要的制约因素，市场和准市场几乎总是更强有力的制约机制（除资助型基金会以外，这点我将在本章最后进行讨论），尽管它们在两种类型组织中的运作完全不同。

市场制约因素和"所有者"

　　最负盛名的公司在公开市场中运营，不满的股东可以通过转让股票表达其不满（"华尔街规则"）。股票不断报价，价格上的迅速调整及估价都清楚地说明了各自的问题，金融分析师及媒体当然各持说法。公司股票市值的变化或多或少代表了对公司行为的即时信任投票（或不信任投票）。最终市场停止对安然公司的商业融资，卖空型投资者对安然公司的股价以及进而对整个公司施加了主要的压力。

　　营利性组织可能通过外部的买家或卖家戏剧性地改变它的前途，正如每一个加入企业兼并或收购的人将证实的那样。在这种情况下，最终通过股东投票来罢免持反对意见的董事。我自身被罢免（在 AT&T 公司接管 NCR 的最后阶段，和我所在派别的其他董事成员一起）的事例能证明股东权力的最终来源。大型机构投资者简直毫不惭愧地让公司知道他们对潜在收购的想法。

这个故事说明了重要的一点：我们不应该歌颂、赞扬兼并或假想市场总是最明白事理的。出于从未明确的原因，AT&T 公司认定通过收购 NCR 积极进军计算机领域是"一种战略必要"（援引 AT&T 公司当时的董事长兼首席执行官罗伯特·艾伦（Robert Allen）的话）。经过激烈的代理战，AT&T 公司能够利用其财务力量控制 NCR，最后 AT&T 公司及其股东出资数十亿美元收购了 NCR。当时的 NCR 基本上被摧垮，尽管其在摆脱 AT&T 公司后获得重生。正如之后 NCR 首席执行官兼董事长查尔斯·埃克斯利所说，这个悲惨故事给予我们的教训就是"瘦死的骆驼比马大"（他认为这正是宝来公司传奇式领袖雷·W. 麦克唐纳（Ray W. MacDonald）的特征）。

技术上的变化也能迫使营利性组织董事会改变方向。在 20 世纪 70 年代和 80 年代，IBM 公司被迫从过度依赖大型主机转向分布式处理。正如埃克斯利解释的那样：

> "IBM 公司……是技术革命的受害者。无论怎么应对，这场技术革命都给 IBM 公司招致巨大的麻烦。当你在城镇生产了最好的牛奶瓶（大型主机），而有人发现了牛奶纸盒（分布式处理）时，你将面临一个没有简单解决办法的巨大难题。"

更为普遍但不太显著的情形就是，资本市场正在不断地调整营利性公司的行为，尤其是那些不能仅仅依靠留存收益来资助自身的公司。在许多情况下，企业战略及其实施得到称赞或被摒弃是通过第三方提供或不提供资金来决定的。产业组织和企业金融方面的专家将继续争论：资本市场的真正有效性，还有"短期盈利主义"在今天的美国是否是一种严重的弊病，以及在某些领域投资不足的抱怨是否正当。然而，没有人怀疑市场的整体影响并最终制约董事会的决定。

很难说我们正处在一个"亚当·斯密的时代"，因为在这个时代，每一个微小单位自动对非个人的、看不见的市场力量发出的信号做出反应。董事会有大把机会犯大错，正如有大把机会在他人之前发现合适的新方向一样。

在非营利性组织中，某些制约因素也效仿市场力量，类似在营利性组织中所出现的那样。例如，艺术表演团体的领导们经常提醒我们，市场需求极大地影响组织的健康状况，正如收入依赖于游客付费的博物馆及许多历史协会一样。这些实体及许多其他服务型的非营利性组织在招募志愿者及呼吁捐助者筹集资金时，也必须经过实为另一种形式的市场考验。我们每天都被提醒，教育机构在学生、教员以及慈善捐款和政府拨款方面彼此进行着竞争的激烈。由于各自不断加强的广告宣传，非营利性医院和卫生保健提供者也开始争夺病人以及私人和公共资金。

和它们一样重要的就是，非营利性组织面临的市场及伪市场制约力量往往低于营利性实体董事们所面临的制约力量。非营利性组织可以在更广泛的目标中进行选择，他们可比营利性实体分派更多元化的影响力至不同的目标中。而对于营利性实体，这些目标由他们的股东及其他始终着眼于收入和利润的人们所假定。在非营利性组织中，难以衡量输出和结果，也难以界定支持者的含义。通常情况下，没有一个成功的测量标准是类似于众所周知的商业底线的。

一位在非营利性及营利性组织董事会就职过的评论员尼古拉斯·多纳蒂耶洛（Nicholas Donatiello）认为"所有者"在营利性组织中提供了明确的控制指标，而非营利性组织没有这些指标。用他的话说就是：

"营利性公司的董事会有完全责任去实现股东的最大利益。当涉及很多判断时，包括选择合适的（时间）

视野、尊重员工及对企业长期成功至关重要的客户，这些目标是不确定的。在非营利性组织中，决定指导决策的依据是一个更加复杂的演算。通常，组织的使命不能提供足够的导向指引。往往，接受服务的支持者的利益必须与捐助者、成员以及志愿者的利益保持平衡。"

在市场制约因素方面，由于另一原因，非营利性组织董事会比营利性组织董事会享有更多的自由。作为一般规则，非营利性机构可以作出基本选择，而无须担心这些决定因为市场力量而突然逆转。毕竟，非营利性实体并不是进行常规的买卖，兼并及关闭的现象仅仅发生在非营利性机构身处极大困境时。没有人能在非营利性组织中找到类似 AT&T 收购 NCR 的事例。非营利性组织中缺少常规的买卖市场以及几乎完全没有收购的现象是这两种类型组织的主要区别。正如我们之前注意到的那样，这种区别帮助解释了为什么营利性公司的生命周期不可能长于在 18 世纪就已成立的任何院校及其他的非营利性组织。

我认为公平的说法就是，总体而言，非营利性组织作为一个整体受到外部因素的制约远远少于营利性组织。全球竞争、日常市场检查、积极的机构投资者（"所有者"）及异常忙碌的商业媒体的组合是强大的。鲜明的对照就是非营利性组织没有明确界定的所有者或外部监督人（除董事会本身外），而事实上能够代替他们的人也很少。在极少数情况下，非营利性实体运作（或特许注册）地的首席检察官或者法院将参与其中，但这仅在极端情况下出现。最终，这些政治推举的公众利益代表们成为非营利性组织的所有者，但他们承担的责任远远低于营利性组织的所有者及代理人所承担的责任。

然而，在非营利性组织中也有一些准所有者，他们可能在首席检察官或法院意识到问题之前施加影响。在由会员组成的组织中，成员自身发挥了这个作用。个别董事和受托人成为第二大类潜在的监督者。尽管法律并没有像对非营利性组织立场问题的关注那样的明确，但成员及董事显然都有权向法院提起诉讼，但是，除了这些群体之外，责任是很难查明的。在通常情况下，没有成员拥有合法权利来选举受托人或董事，大多数非营利性组织董事会都是自我延续的。

慷慨的捐助者可能被认为是另一个准所有者，因为他们的慷慨对很多组织长期的福祉至关重要。可以理解的是，非营利性组织都不愿意得罪资助人。这包含一种感情和真诚，是对愿望和意向的尊重。基金会受托人在考虑方向问题及优先事项时，可能会回想主要捐助者的利益，但这更多的是一种尊重而不是义务。在其他情况下，关注捐助者的意见也是一种谨慎做法，特别是在捐助者仍健在并可能进一步捐赠的情况下。正如确立了捐助的主要构成的所有类型的董事会一样，高等院校董事会往往对校友作出何种决定很敏感。公立大学必须警惕关键立法者的看法。史密森尼学会，是在某些方面类似于大型公立大学的独特机构，它接受美国国会的审查，这表明国会可以通过拒绝批准拨款或仅仅是向那些承担机构治理任务的人们发难来发挥作用。

一般地说，责任程度通常和依赖性相关，任何依赖于某一特定的个体、公司、政府出资者或支持者的非营利性组织将更加关注处于争议中的个体、实体或群体。这是看重独立性的非营利性组织董事会重视实现资金来源多样化的一个重要原因。当然，大多数非营利性组织非常依赖于捐助者，同样的原则也适用于受众、客户及服务的其他潜在购买者。缺少完善捐助基础的非营利性组织，或必须依赖于自身吸引大量盈利收入的非营利性组织可能像家庭餐馆或小商店那样接近停业，尽管退出的主要集中在新的小型实体中。

虽然这是普遍的情况，但事实上多年来大量非营利性组织一直在挣扎，却并没有引起外界力量的关注。由于缺少市场所要求根本转变的大部分机制，一些非营利性组织可能苦苦支撑了非常长的时间。何时转变及如何转变，甚或何时解散一个非营利性组织的问题是对董事会的主要挑战，并且和公共政策问题一样具有重要意义。但对于如纽约历史协会这般艰苦努力的、受人尊重的组织也仅在媒体和政治利益一起警示公众时才能引起人们的注意。纽约历史协会在20世纪80年代末和90年代初时处于危险之中，无法继续支撑其著名的图书馆。一般而言，当响起这样的警报的时候，一些可能有前途的选择也许已经被完全堵塞或变得更为昂贵。

最后，特别值得注意的制约因素就是我就职了18年的大型资助型基金会的"所有权"及责任问题。这个组织相对营利性组织或其他非营利性组织来说，受到的外部制约更少，依赖于较少的支持者来挑战基金会的领导层或基金会所采取的方向。其和大学不同的就是没有发挥平衡作用的教职员工、学生、家长或者校友，以及学生创办的报纸，此外，受捐助者往往不愿提出批评或投诉。某基金会的一位领导人曾对一位即将承担类似角色的人说："你将永远不会再碰到糟糕的午餐或听到事实的真相。"这位领导人甚至还因此说法而著名。

如前所述，基金会当然受制于馈赠物契约及合同的条款，但他们也很可能会感到有义务尊重捐助者的意愿。基金会受制于某种程度的公众监督及无数的政府条例，而且如果没有遵守条例还得接受成员组织比如基金受托人委员会的审查。尽管如此，受托人们仍保留了很大的回旋余地以确定方向及作出选择。我认为，基金会的受托人们比起营利性或非营利性组织中任何实体的董事们享有更多的机会左右机构的业绩。

假如负责任的受托人委员会能提供适当的监督，这根本就不是一件坏事。大量的行动自由是独立基金会的一大优势，而他们享有的税收特惠也是一种重要优势。在一个服务于广大公众的项目往往难以获得支持的社会中，这种自由显得尤为珍贵。在我看来，我们这个社会需要的是能够克服阻碍变化的官僚主义的个人主动精神，以及能彻底检验我们想法的其他惯性力量。我更愿意生活在一个行动自由导致某些错误决策（不可避免的事件）的世界，而不愿意生活在一个基金会不敢去寻找新的方向或不敢支持不受欢迎目标的世界。现在面对的挑战就是找到能保持行动自由的方法，并同时还能符合适当的责任标准。基金会受托人们在协调这些目标方面发挥着决定性的作用。

　　本章中略述了营利性及非营利性组织中董事会的角色和职责，并描述了不可避免地影响董事和受托人决策的背景和制约因素。这两种类型组织中的董事成员有责任基于所提供的条件来竭尽所能运营他们所在的组织，然而，并不是由董事会单独制定战略，甚或单独执行这些战略。董事会只有与所在组织的领导层建立起强有力的伙伴关系才能发挥有效的作用。下一章将讨论董事会与首席执行官/总裁关系的演变。毫无疑问，恰当处理这一至关重要的关系是董事会及受托人委员会面对的最重要挑战。

第 2 章 董事会领导

关于公司治理的一个最激烈的争论就是如何最好地界定董事会与首席执行官的关系。一个又一个的评论员告诉我这是一个关键的问题。一些人高度赞成分离董事长和首席执行官的角色，这是非营利性组织中长期以来的做法，并且是英国和加拿大当今的主流模式。而其他一些人认为由同一个人担任这两种角色是领导公司和董事会的最有效方式。另外还有人认为这个问题的最合适答案应该和那些有趣问题的答案一样，即"视情况而定"。

我深信，采取切实可行的、"视具体情况而定"的看法也还有很多待定的问题，但是这并不意味着我们无法得知什么才是完美世界的最佳安排。本章首先从概念上评价了分离及合并这两种角色的观点。我想说前文的结论即支持分离两种角色的观点从基本原理层面上来说更具有说服力。然而，出于某些实际的考虑，我也支持在特定情况下合并首席执行官和董事长这两个角色。对这些实际情形的考虑导致了对越来越受欢迎的首席董事模式的审视，不管这种模式是长期的组织解决方案还是董事会及其首席执行官关系演变的过渡阶段。

我自己的直觉就是首席董事的模式可能确实是过渡性的，而且将会逐步走向首席执行官及董事长角色的分离阶段。在本章结尾的后记中，我讨论了当我们比较营利性及非营利性组织时，在典型的董事会—首席执行官关系中观察到的持久不变的差异。

独立的董事长？赞成和反对分割角色的概念性争辩

在营利性组织中分离董事长及首席执行官角色有两个主要好处。

（1）董事会的定位是正确行使对首席执行官的监督职责，通过建立一个制衡制度减少独裁管理的风险，并促进有益于董事会商议过程的动力。

（2）首席执行官侧重于业务管理，而董事长侧重于董事事务管理，各自有所侧重，能减轻繁重的工作。

事实上，首席执行官是为代表股东利益的董事会而工作，表面上看是分离董事会监督职能及首席执行官管理职能的主要依据。正如《金融时报》的一位撰稿人所说的那样："担任监督公司管理层的董事会的领导人与公司高级管理人员之间有着明显的利益冲突。"对于权力过分集中在一个人身上的担忧得到了广泛认同。引用约翰·C. 怀特黑德的话来说就是，"独裁专制不是好事。一个人同时担当首席执行官—董事长的角色会在被收缰勒马之前就造成巨大破坏，并且往往为时已晚"。而分离董事长和首席执行官的角色就是解决这一问题最显著的方法。保罗·沃尔克（Paul Volcker）对此表示赞同，他以其特有的直接方式写道："董事会不可避免的以及主要的职责就是聘请及解雇首席执行官。解雇的任务困难重重，而且通常会出现延迟现象。在董事长自己、董事会及首席执行官看来，董事长有更大的权力及更强的责任感。"

根据这种相互制衡观点，一些管理专家曾称"公司的灾难可以归咎于高层的权力集中"。迪克·德布斯（Dick Debs）是"八位性情乖戾老头"中的一名，他们领导了对摩根士丹利的反抗，导致菲利普·帕赛尔被剥夺首席执行官兼董事长的职位。迪克·德布斯得出结论说："我们的斗争说明了美国公司治理系统中的断层。现在我们指定一个人同时担任老板、首席执行官及董事长，他可以将其朋友及盟友网罗至董事会，提供高薪及大量额外津贴来取悦他们，使其独立于那些为公司工作的员工。"

一旦决定分离董事长和首席执行官的角色后，丑闻或近似丑闻的事件往往随之而来，这点是千真万确的。与一些经验丰富的董事成员的交谈使我得出不足为奇的结论，即曾经历过涉及首席执行官表现的极度危机的董事会成员们最有可能强烈支持分离这两种角色。还有一些我曾与之交谈过的人们强调，早年他们并不支持分离这两种角色，但现在他们坚决支持，至少其中一位用激烈的、带着神学色彩的语言描述了他这种转变。"曾经的经历"帮助人们看清了当权力集中于首席执行官兼董事长时将会导致的后果。

对于人们常引证的世通公司和安然公司，尽管这两家公司分离了董事长和首席执行官的角色，但是他们的董事长都曾担任前首席执行官，并且深深卷入了导致公司瓦解的问题之中。这些案例难以说明独立的董事长如何能有效地制衡执迷不悟的首席执行官。实际上，我相信让前首席执行官担任非执行董事长肯定会导致负面的影响，这样的安排妨碍了审查过去选择的方向及重新引导组织的必要任务。

支持分离角色的一个有说服力的证据来自保险公司，因为保险公司必须评估在包括董事及管理人员法律责任的书面政策中他们所接受的风险。卢·安·莱顿（Lou Ann Layton）是达信（Marsh）负责国内董事及管理人员责任保险的常务董事。他曾说："我们总是问：'你否考虑分离角色？不考虑的原因又是什么呢？'"AIG 的发言人彼得·图路普曼（Peter Tulupman）曾注意到，分离这两种角色的公司是正在开始寻求折现的。金融机构投资者受托人委员会的成员包括大多数大型养老基金，他们是支持独立的董事担任董事长的。

　　一个相关的观点涉及分离角色对董事会动力的影响。在解释强烈坚持分离董事长和首席执行官职位的原因时，一位具有丰富经验的董事简单地说："独立的非执行董事长只是改变了整个动力，这是避免任人唯亲的做法，并且鼓励董事会成员间更开放的讨论并允许首席执行官职位以下的管理人员更轻松地与董事长议事。"以斯拉·齐卡哈在解释为什么支持非执行董事长时，强调了一个相关的需求："当董事会成员有疑虑或问题时，他们有一个可以寻求解答的合法地方。"

　　尼古拉斯·卡岑巴克曾担任前首席检察官和副国务卿，以及IBM 的总顾问和重组后的世通公司董事会董事长，他也支持独立的非执行董事长。卡岑巴克曾与罗伯特·肯尼迪（Robert Kennedy）密切合作，他告诉我肯尼迪非常擅长于让每一位参与者加入讨论，并明确说出他们的想法。在古巴导弹危机事件中，卡岑巴克回忆说，鲍比·肯尼迪（Bobby Kennedy）不希望总统参与讨论，因为他知道总统的出席是一种威慑，使得他人不敢擅自发表言论。卡岑巴克比喻公司运营环境时说，召开首席执行官、董事长会议会压制人们坦诚交换观点。卡岑巴克认为让其他人主持会议能达到更好的效果，这也解释了为什么没有首席执行官出席的秘密会议如此有价值的原因。

　　分离董事长和首席执行官角色的第二个主要原因强调了在大型且复杂组织的治理中实现明确的劳动分工的必要性。正如拉里·博西迪所说："现今首席执行官的工作更具挑战性。由于因特网的普及，全球竞争更为激烈，要求更快的响应速度，要求越来越多的关注。简而言之，首席执行官需要更多的帮助。"

　　如果能为这两个高度互补的角色找到合适人选，如果他们之间能建立和谐的关系（这是两个重要的前提条件），工作的分配是极有可能的。首席执行官的工作重心应是业务管理，如果首席执行官拥有一个胜任的同事来管理董事会事宜，那将是非常有帮助的。一个高效的非执行董事长将促进董事会内及董事会与管理人员之间建设性的交互作用，而无须与首席执行官竞争或干预业务管理。一个非执行董事长还能帮助联络各大型金融机构投资者，允许他们作为局外者提出问题并表达疑虑。越来越多的大型金融机构投资者期望接近董事会及首席执行官，这样合适的互动渠道合乎每个人的利益。

在某些情况下，非执行董事长还可以保护首席执行官和董事会，免于卡内基公司已故总裁艾伦·皮弗（Alan Pifer）所称的"任何董事会都可能偶尔出现的欺凌弱小的现象"。即使其他董事会成员及高级员工没有被吓倒，控制这种行为还是必要的。独立的董事长比首席执行官能更有效地抑制这种倾向及必要时设法使得欺凌弱小者屈服。毕竟，首席执行官是为了董事会而工作，而欺凌弱小者就在董事会中，这样，首席执行官就不必亲自处理难相处的董事会成员的不当行为。

此外，正如美国运通总顾问路易斯·帕伦特（Louise Parent）所指出的那样，法律和各种监管要求只是明确规定首席执行官不应该（也不能）有某些行为：如引导新董事会成员的提名及选拔过程，评估董事会整体的工作及各位董事的表现；编派独立审计委员会的工作；组织评估首席执行官的过程及设定首席执行官的薪酬。可以肯定的是，独立董事可以通过适当的委员会机制整体处理这些任务，但是非执行董事长能确保充分协调有序地完成这些任务。

当被问及为什么不更加重视对董事会泄密的调查时，惠普公司首席执行官马克·赫德（Mark Hurd）承认他参与了讨论调查事宜的两个会议，但是他表示他没有关注这个问题是因为这个调查任务并没有公司的运营那么重要。这种做法很具启发性。据报道，他曾说："我将精力放在更重要的地方。"赫德在卡莉·菲奥莉娜被解雇后出任首席执行官，并且当时在公司发展方向上的争论非常激烈，因此完全可以理解他当时想主要应对惠普公司的核心业务/战略/管理问题，而且这样做也是明智的。

但不幸的是，非执行董事长帕特丽夏·邓恩（Patricia Dunn）并没有处理好董事会泄密事件的调查。因为没有满足上述提到的两个重要条件，这种利用劳动分工的优势及适当监督新首席执行官的努力都失败了，但是失败的教训并不能说明分离这两种角色是不妥当的。不应该预期首席执行官能处理所有事情，尤其是在新领导上任初期。相反，这次失败的教训就是：合理组合非常胜任的成员并使其各就各位，以及成立一个各方面运作良好的董事会（相对于众多评论员对惠普董事会的描述即功能失调）是至关重要的。惠普公司这次异乎寻常的经验给我们一个更广泛的教训就是精心设计的正式领导结构本身并不能保证良好的公司治理。

默克董事会在2005年决定选举内部人员理查德·克拉克（Richard Clark）担任首席执行官，但是并没有要求克拉克担任董事长，这是一个相当恰当的做法。和赫德一样，克拉克需要集中于核心业务。当时，整个制药业都受到挑战，默克公司被卷入VIOXX药品诉讼案中，公司内部的主要组织及战略问题都需要得到解决。由于默克公司特殊的原因，实施了一个短期的不寻常的组织结构，默克公司成立了一个由三位独立董事组成的小型执行委员会。联信公司前董事长兼首席执行官拉里·博西迪就职默克公司薪酬委员会；华盛顿医药研究所前领导及最近就任波斯顿医疗联盟集团首席执行官的塞缪尔·泰尔（Samuel Thier）就职公共政策委员会；以及我担任默克公司治理委员会及调查VIOXX药品发展和营销的特别委员会的主席。由于明确认识到这是一个过渡性的安排，由博西迪主持的执行委员被要求以合作的方式承担董事长的角色。

外部观察家质疑这个看似笨拙的庞然大物能否行走，更别谈奔跑了。然而，实际上，这种安排运作良好，很大程度上是因为我们三人有互补的技能，能愉快地合作，并且高度尊重迪克·克拉克（Dick Clark），他作为首席执行官表现非常出色。克拉克说，这种安排对他也是有帮助的。部分原因是因为他得到了来自三位董事的帮助、反馈及支持，我们三人都在自身最擅长的领域作出了贡献。这种安排的相对次要方面可能有改进的余地，但总体看来，克拉克和默克公司董事会都认为这是一个成功的经历。

分离董事长和首席执行官的角色能否在相当长的时间内以及在各种情形下都有效地实现企业目标呢？在处理这一更为棘手的问题时，结合考虑英国和加拿大的丰富经验是有帮助的。分离这两种角色在这些国家是一种规范。大卫·金贝尔（David Kimbell）是斯宾塞—斯图尔特公司欧洲办事处董事会的领导，并在1987年至1999年间担任斯宾塞—斯图尔特公司全球董事长，他的说法很有启发性。金贝尔写道："大多数观察家以及董事长和首席执行官都认为分离这两种角色对英国企业有利。"

博思艾伦咨询公司对首席执行官更替及继任模式的研究发现，在2005年度，首席执行官和董事长职位分离的组织，以及董事长不是由前首席执行官担任的组织的股东回报率比角色不分离的组织更高。这些结论也符合欧洲和北美的情形。博思艾伦咨询公司后来的一份研究发现："在2006年度，所有表现不佳的、任期长的北美首席执行官们往往额外担任公司董事长的头衔，或者上级是由前首席执行官担任的现董事长。"在2006年及之前9年的时间里，研究发现，如果首席执行官同时担任公司董事长或者他的上级是由前首席执行官担任的现董事长，那么投资者获得的回报是明显比较低的。

分离董事长和首席执行官角色的概念性论据是很有力的，那么主要的反对证据有哪些呢？正如一些评论员所指出的，支持合并两种角色的强有力的观点集中于为什么责任分工会造成不良后果或其根本就不必要分离的实际原因。我在下一部分考察了这些观点。然而，除此之外，有一种从概念上支持由同一个人担任首席执行官兼董事长的观点需要考虑。

由同一个人担任首席执行官兼董事长的模式避免了组织的高层领导中信号混乱或者不协调的风险。

有一种风险用一位观察员的话来说就是"不明确的领导、瓦解的忠诚感……对公司未来不协调的憧憬"。这种安排在董事长及首席执行官之间建立起潜在的对抗，导致徒劳无益的折衷而不是干脆果断。简而言之，由一个人负责所有的事情可能是更有效的方式。

对于这个观点有以下两种反驳意见：

（1）虽然安排不同的人担任这两个职位是极有可能的，即使这两个人只是在对公司将受到的潜在危害上面观点不一致而不是实际的冲突，但是绝对没有理由去制造（或容忍）这种情况。必须十分谨慎而明确地确定角色，确保董事长不会暗中对抗首席执行官，而首席执行官毫无疑问地负责领导公司。反过来，董事长也应平静地强调董事长与首席执行官之间的伙伴关系，并负责领导董事会。除特殊情况外，董事长没有理由代表公司向新闻界或董事会以外的其他人员发表言论（应大型金融机构股东要求，并获得首席执行官的批准后与这些股东会面就属于特殊的情况）。首席执行官应负责召开年度会议并安排与分析师的电话会议。

（2）效率不是最终目的，最大限度地为股东谋取利益才是最终目的。独裁专制有时有助于形成高效的政府，以"准时发动火车"。但是独裁专制不是一种好的模式，不能提供可靠的监督、促进富有成效的讨论或是实现能够平衡若干利益冲突的复杂目标。

我相信支持及反对分离首席执行官和董事长的角色的概念性论据不是平均的。在我看来，分离角色的概念性事例是极其有影响力的，并且是接近于强迫性的力量。那为什么如此众多的美国公司继续合并这两种角色呢？答案就是实际的考虑可以压倒这些概念性的论据并驳斥任何支持独立董事长的一般推定。

实际考虑：具体问题具体分析的必要性

在任何情况下，董事们都可能得出结论，认为基于如下三个实际原因应合并首席执行官和董事长的角色：

（1）在当今的美国企业中，大多数首席执行官都想得到这两种头衔（出于社会地位及其他原因），冒犯这些首席执行官们是有危险的。坚持分离这两种角色使得招聘一名优秀的首席执行官难上加难。

（2）可能无法找到合适的董事长候选人。

（3）通过分离董事长和首席执行官的角色以满足相互制衡及实现良好的劳动分工的需要，在进行会议时却会产生不必要的争论。有效利用首席董事的模式是一种可取的选择，特别是还能避免因为剥夺了首席执行官的董事长头衔而引起的社会地位问题。

说到社会地位问题，人们普遍认为大多数首席执行官希望全面负责，这种情况虽然不是到处显而易见，但一直符合美国的情形。在美国，仅担任首席执行官的首席执行官们有时感到他们只承担了一半工作，并没有得到完全信任来承担全部的职责。一位英国评论员认为这就是工作中的"大男子主义（大女子主义）"综合症状，"群众心理学和虚荣心是可能受到谴责的。无论工作薪酬多高及公司规模多大，没有人希望以纯粹的首席执行官身份出现在高尔夫俱乐部时，身边却围绕着拥有两个头衔的家伙。"

　　这句评论可能夸大了社会地位的问题，但是社会地位真的很重要，分离角色就涉及了有关首席执行官权力的问题。在默克公司，当迪克·克拉克被任命为首席执行官而不是董事长时，有人质疑克拉克是否能真正负责，并偶尔捏造诸如"迪克·克拉克坐在火车车轮上"的嘲讽。幸运的是，由于拉里·博西迪（担任三人执行委员会的主席）以及克拉克作为首席执行官的出色工作，这些问题不攻自破。

　　在任何情况下，赤裸裸的事实仍然就是美国大多数首席执行官反对让其他人担任董事长。如果首席执行官兼董事长工作出色，董事会绝不可能冒着风险，提出这个问题来激怒关键的领导者。如果董事会正在从公司外部寻求一位首席执行官，那么分离两种角色使得招募一位优秀的候选人难上加难，尤其是这个人已经在另外公司拥有这两种头衔的话。最后，如果在过渡期这两个职位被分离，而新的首席执行官表现异常出色，那么则会出现奖励首席执行官增加董事长头衔的强烈倾向。

　　当考虑独立董事长模式时，美国公司的董事会因此而不得不面对一个相当深层次的文化问题，即特定时刻及时的正确决定可能就是按照惯例行事。然而，在选举新的首席执行官时，我认为董事会应该比他们尝试独立董事长的做法更积极。一些资深的人也乐意接受没有董事长头衔的首席执行官职位。如果建立了独立的模式，董事会应该避免将董事长的头衔作为良好工作表现的奖励，甚至像我们认识到的那样，作为一个实际的问题，重新组合这两种角色有时也是正确的。

　　作出结论认为应该合并（或再次合并）首席执行官和董事长角色的第二个实际原因，其重要性远远超出人们的猜想。我指的就是我所说的"可用性问题"，因为可能很难在合适的时间找到合适的人担任非执行董事长。我们很容易认为任何卓越的组织都备有几个有价值的候选人，但我自身的经历及我学习到的其他组织的经验表明这是一个过于乐观甚至危险的假设。

为了理解这一问题的严重性，找出使一个人胜任非执行董事长职位的特征非常有帮助。下面的粗略列表可能本身是有益的，也可能凸显了找寻合适的非执行董事长候选人的难度。

●毋庸置疑的诚信和高尚的道德标准；

●智慧、良好的倾听能力、非常通情达理的、有能力达成共识；

●优秀的人际沟通技巧；

●自我约束，用一位评论员的话来说，就是"非自大狂，能激励同事"；

●许诺与首席执行官建立极好的相互尊重的关系；

●足够深入的业务知识，以较好地理解关键战略问题，坚定相信组织所从事事业的价值；

●在一个比较复杂组织中担任首席执行官的经历，帮助未来的董事长理解首席执行官的任务及首席执行官的工作压力；

●讨论公司董事会的任职经验，这样其他董事会成员能与负责人愉快共事；

●愿意分配必要的时间学习新的知识，（尤其）是与其他董事会成员和首席执行官进行定期协商。

通常难以找到一个人同时具备上述大部分特征，更不用说所有的特征。即使在独立董事长模式方面拥有丰富经验的公司可能在某些时刻也感到合并角色的必要性，根据这份苛刻的列表，这一现象也不足为奇。在默克公司的这个案例中，当寻找首席执行官雷·吉尔马丁（Ray Gilmartin）的继任者时，董事会积极地在公司内外搜寻至少可暂时担任非执行董事长的人选。事实就是很难找到这么一位有希望的候选人。默克公司董事会一位资深成员拉里·博西迪最终同意与其他两位董事会成员分享董事长的角色，但是博西迪坚定地拒绝由他本人担任董事长。

　　惠普公司的案例也很有启发性。有些评论员严厉批评了惠普公司在女董事长帕特丽夏·邓恩由于公司董事会泄密和间谍事件的异常争议辞职后，重新合并首席执行官和董事长角色的决定。一位英国评论员约翰·加普（John Gapper）写道："惠普公司董事会最近表现特别反常，但上周让马克·赫德担任董事长及最高管理者的决定真是再妙不过了。如果有任何公司能证明董事长本身是一个重要的职位，并不仅仅是最高管理者的一个额外的好听头衔，这个公司就是惠普。"我没有资格对惠普公司其他董事会成员担任董事长的资历进行评价，但我不认为有人能够并愿意在如此一个有高度争议的时期就职是很容易的事情。此外，再度团结董事会及首席执行官并巩固关系毫无疑问是高度优先的事项，这可以作为一个很好的事例来说明具体问题具体分析支配了再次合并这两个角色的决定。

　　对于大量能够且愿意担任领导角色的候选人的重要性的关注，也可以帮助我们理解为什么英国分离首席执行官和董事长角色的经验与美国的经验如此不同。在英国，高级管理人员被强制要求在六十岁时退休，这个规定最近才取消，因而他们往往比美国的高级管理人员们早退休。许多退休的首席执行官们构成非执行董事长职位的强有力的候选人，这种情况在英国很常见。

　　继续合并首席执行官和董事长角色的第三个及最后的观点就是通过其他治理机制能实现分离角色的真正益处，尤其是采用首席董事的模式。近年来发生了很大的变化，无疑比五年前有更多的制衡机制。董事会成员事实上及表面上都更独立；董事会招募变得更专业，不再强烈依靠首席执行官；没有首席执行官出席的秘密会议现在也成为标准；董事会已经表现得越来越愿意挑战并更换表现不佳的首席执行官。首席董事在实现首席执行官和董事会之间更好地分担责任方面变得非常重要。确实，首席董事角色的制度化是近年在营利性组织中唯一最重要的治理变革。这种组织的发展非常重要，对其自身也是非常有益的。之前我曾评价了不同组织模式随时间推移解决其自身问题的可能性，以及我对他们解决自身问题的信任程度。

首席董事的模式

支持这个想法的时代似乎到来了。斯宾塞—斯图亚特公司的报告显示，截至 2006 年中期，96% 的标准普尔 500 强公司的董事会已指定一个首席或主持董事，这个数目在 2003 年中期为 36%，而在 12 年前则是微乎其微。在某些情况下，公司采取这种模式毫无疑问仅仅因为他们了解到纽约证券交易所及信用评级机构期待他们"勾选这个方框。"但我相信对这个概念的支持远远不止这些。它反映了一种认识，即一个周密设计的首席董事结构可以带来独立董事长模式所能提供的许多好处，但却没有在很大程度上脱离以往的做法。

如果合并首席执行官—董事长角色的模式是出发点，那么采取首席董事的模式比起选举独立董事长来说是明显更为适中的步骤。有些人认为合并首席执行官—董事长角色的模式为美国公司带来了好的效果，并且也不需要进行重大的改变。斯宾塞—斯图亚特公司的汤姆·内夫（Tom Neff）强调了对首席执行官兼董事长领导的公司的一般道德行为的记录，还强调了他所认为的由于角色分离而带来的经济收益缺乏令人信服的证据。我个人的经验支持这一观点，认为集两种角色于一身的模式也能顺利开展工作，但广泛采取首席董事的模式证明了许多公司已认识到改变单纯依赖一个人来领导公司及董事会的必要性。

正如各种调查所表明的那样，各家美国公司分配给其首席董事的具体职责是各不相同的，但几乎总是包括以下方面：

- 主持所有独立"外部"董事会议；

- 作为独立董事与董事长/首席执行官之间的主要沟通桥梁；
- 帮助设立董事会会议议程；
- 监督交给董事会的信息；
- 一般来说，协调董事会方方面面的工作，包括提名以及治理委员会的工作。

更普遍的情形就是，首席董事是为各方面相关人员服务的关键人物，不同的人员如果有什么疑虑或者建议，但是不想首先告知首席执行官的话，都可以和首席董事进行沟通。如果真的出现麻烦，首席董事能帮助谨慎审查首席执行官的表现（如果首席执行官是问题所在的话），或者采取其他似乎合适的方法来解决棘手的问题，或者是阻止迫在眉睫的问题的继续发展。在组织结构内部指定一位委任者，董事们可以向其提出担忧的事情并检验对这个事情的看法，这种做法是非常可取的。适当利用首席董事模式还可以提供"动荡时期的稳定器"。

承担所有职责显然需要判断力和智谋。首席董事必须在言行上小心谨慎，不能表现出他或她正在和首席执行官争夺权力，而是在管理活动中发挥作用或被授权作出决定。首席董事不必担当的一个角色就是主持全体董事会议（这是独立的董事长的职责）。这点就是首席董事模式的局限性。正如之前引用的卡岑巴克的评论所表明的那样，由首席执行官之外的其他人主持董事会议具有真正的好处。在任何情况下，首席董事必须精准理解董事会监督工作和日常管理任务之间的区别。首席执行官和首席董事需要密切愉悦地合作，他们需要互相帮助，尊重彼此的互补作用。

没有独立董事长或首席董事的潜在的不好的方面：人们的担忧被受到抑制，出现私底下的抱怨或者在正常渠道之外形成非正式的秘密团体。正如我过去的痛苦经历证明的那样，无组织地非正式地处理争议问题可导致高昂的成本。除了激怒人们及造成董事会内部的分裂外，还会造成运作缓慢，并或多或少地依赖于偶尔出现一位准备带头处理某一特定问题的董事。依靠自发产生的临时程序来解决主要问题是不切合实际的。首席董事的主要职责就是准备着，在需要时随时发挥领导作用。首席董事和过去一样，向董事会提供他们不喜欢收到的保险单。这份特殊保险单的巨大优点就是便宜，正是因为首席董事在风平浪静时期所可能提供的帮助，使得可能在事实上防止出现任何最严重的危机。

有五个关于首席董事模式的开放性问题仍有待讨论。首先就是这个人是否应该被称为"首席董事"或"主持董事。"我认为"首席董事"这个说法更为可取，原因很简单，就是因为这个职位上的人其职责远远不止于主持独立董事会议，而"主持董事"这个说法则暗示了过于被动的角色。可以肯定的是，有人担心"首席董事"的说法可能表示这个人是超级董事，地位高于董事会中所有的其他同仁，因而其他同仁有可能认为自己仅仅是普通的成员。

我自己对"首席董事"这个说法的反平等主义涵义的理解随时间发生了改变。早期，尤其是我供职美国运通和默克公司董事会的时候，我也认为这个说法是错误的，认为其暗示了董事会成员之间的级别，但现在，我认为各种实践和态度都已有了很充分的演变，从而减少了这个说法曾导致的不适感。人们越来越多地认识到董事会确实需要有人来担当"首席"董事，而且我认为用语言来反映实际情况是明智的。

如果首席董事至少在某些方面取代了非执行董事长，那么首席董事被要求发挥的作用需要明确予以承认。董事会所有成员认为他们自身在所有方面都一模一样，这种主张是毫无理由的。董事们在许多方面是一样的（如权利、信托责任及地位），但他们没必要担任一样的工作职责，而且往往他们能力所及的工作也不一样。在任何复杂的组织中，个人职责的分配、在利益方面差异的考虑、经验以及能力是要完全相应的。正如一位评论员不太文雅地说："整体利益比缺乏能力和最不可靠的柔情更为重要。"我还认为董事会现在有能力接受他们认为能有效发挥作用的任何结构，因为董事会现在不再像过去那样提供"俱乐部式"的服务。

第二个问题就是多个首席董事是否优于单个首席董事，这个概念就是担任首席董事的人可以根据手头任务的不同而不同，无论是提名新的董事、履行审计职能还是制定薪酬体系。为什么不能指望主持相关董事委员会的董事担任首席董事呢？几乎毫无疑问的就是主持一个委员会负责特定工作的董事应负责引导该方面工作的讨论，但这并不排斥需要一位全能的首席董事，他能够应对任何问题，能发号施令并在特定情况下对不同的董事会同仁委以相应合适的任务。

第三个问题就是首席董事的职责是否应由董事们轮流承担。原则上，轮流承担职责是可取的。最好有多个董事会成员轮流承担这一角色，而且这也是一种避免风险的明智做法，因为按照一位评论员的说法，长期任职的首席董事（首席的董事）与首席执行官之间的关系可能"变得太暧昧"。不过，我认为坚持主张机械轮换的原则或过于频繁地轮换任务的做法是错误的。首席董事在任职适当的时间之后能获得有益的经验，如果在首席董事位置上保持连续性的话，首席执行官和董事会的关系可能会因此更和谐，每个首席董事的习惯和行事风格会是不同的，所以首席执行官和董事会也不必过于频繁地去处理风格的适应问题了。

第四个问题是董事委员会（如通过主席来采取行动的公司治理委员会）能够通过一名首席董事来发挥作用，而不必指定他人特别担当主席的角色。我曾认为这种委员会的方法是可行的，而且默克公司实际上已成功采用这种模式很多年。出于同样的原因，我现在确信一名首席董事的模式优于主持董事或多个首席董事的模式；明确指定一个人担任首席董事的角色优于期望任一常设委员会主席致力于首席董事的职责。首席董事履行的任务不可避免地超出了宽泛承担治理任务的委员会的要求。

第五个问题同时也是最后一个问题，也是最难回答的问题，首席董事的模式是否将成为下述问题的既定答案：董事会及其首席执行官之间应构建何种关系？或者说在分离角色、设置独立董事长方面能否有进一步的发展？

总结：对营利性组织中结构变化的展望

我对最后这个问题的直觉反应就是首席董事的角色，现在已经制度化，并将变得越来越重要，而且在某些情况下，还将演变成非执行董事长的角色。无论这种直觉正确与否，我认为绝无理由相信旧式以首席执行官为中心模式的回归。首席执行官至高无上的时代结束了并且也应该结束了。无论合并首席执行官—董事长而不设首席董事的模式或者其他确定的董事会领导的模式在过去起了多大作用，现在都已经不合适了。

我并不认为纯粹的以首席执行官为中心的模式没有任何作用，因为这种观点明显与实际不符。当然，我认为以首席执行官为中心的模式在其他方面存在着不必要的风险，是次优的。总之，这种模式剥夺了董事会及股东对防止权力滥用的重要保障。此外，这种模式减少了首席执行官（就这点而论，还包括所有董事会成员）听到各种可信的补充性意见的可能性，这种意见应该在确保真诚及独立的董事会会议上自由表达，因为董事会是负有责任的，并且能畅所欲言地争辩各种关键问题。

在困难面前，公司需要有适当的制衡机制。如前所述，这一广泛认同的看法使得标准普尔 500 强公司近乎意见一致的采用首席董事或主持董事的模式，或者是这种模式的变体。但是，目前搜索最佳组织结构的"中场休息"并不代表搜索过程的结束。当条件允许时，关于支持分离董事长和首席执行官角色的概念争论将更具影响，并产生一个支持独立董事长模式的强有力的设想。

考虑到这一设想，我们有必要询问，对分离这两种角色的实际反对行为是否会随时间而彻底改变？下面是我对此问题的一些想法。

●社会地位是个实际的问题，对其应十分谨慎，以避免得罪董事会及股东必须依赖的领导者，但应该可以通过在正确时机尤其是新首席执行官上任时，设法分离这两种角色来靠近这种主流文化。其他国家的经验表明地位/文化问题不是不可超越的。此外，美国非营利性组织的经验也表明，应高度关注复杂组织中能干的领导者，即使他们不期望担任董事长。设想美国企业中正常的现象及期望消除的现象需要时间，也许是大量的时间，但是董事会应该愿意"试水"，用一位评论员的话来说就是"逐渐侵蚀这种文化"。

●能够并愿意担任非执行董事长的人才有限，这是一个不幸的现实。董事会应该积极主动挖掘适合董事长角色的储备人选。我还怀疑一些现在担任首席董事的人将随时间的推移变得更加安逸，并畅想着何时担任董事长。

●首席董事在改善公司治理方面有很大差别，但我认为由一个首席董事满足除了首席执行官承担职责之外的，公司对董事会领导能力的所有需求这样一种假想是错误的。始终存在的一种风险就是首席董事变成太过被动的角色。正如一些评论员强调的，"董事长"这个头衔代表着一种改变董事会动力的权力。

在朝向独立董事长模式方面一直以来是有变化的，尽管这些变化不大。斯宾塞—斯图亚特公司 2006 年的董事会指数中报道，合并了董事长和首席执行官角色的标准普尔 500 强公司的数目从

2001 年的 74% 下降至 67%，而分离了这两种角色的大部分公司的现任董事长都曾任职首席执行官。报告中继续指出："158 家公司已分离了两种角色，而这个数目在去年为 140。其中，48 家公司设有独立董事长［并不是前首席执行官或是公司管理层相关的人］，而这个数目在去年为 43。"2007 年博思艾伦密尔顿研究报道，过去 9 年来，"越来越多的董事会分离了首席执行官和董事长的角色"。

在大量的各种级别的公司中其前任首席执行官担任现董事长的现象不足为奇，但是更多真正独立的董事长取代前首席执行官的现象逐渐出现。如果部分公司更愿意尝试独立董事长的模式，那么其他的一些公司也可能会随着效仿。转变方向似乎是相当明确的。

如果这种习惯获得盛行那么会导致什么问题呢？一位评论员认为至少有一些由董事会之外所强加的严格的、强制性改变的风险，这些改变或者来自股东行动或者是那些认定合并首席执行官——董事长角色的模式具有致命缺陷的监管人员或立法人员。要避免"一劳永逸"的解决方案，因为那样剥夺了董事会的灵活性，而这种灵活性是应对各种实际问题并根据具体情形实施相适合的结构所必要的。

正是这种思维导致默克公司董事会在 2005 年反对承诺永久分离董事长和首席执行官角色的股东决议。董事会的立场是它应该有自由邀请首席执行官担任董事长（有首席董事的支持），也有自由邀请其他人担任董事长或者找到第三种方法，正如在此关键时期，默克公司设立三人执行委员会来共同承担独立董事长的职责。数年后（2007 年 1 月），由于对默克公司董事会领导层的安排作出了新的判断，董事会决定首席执行官迪克·克拉克应担任董事长兼首席执行官，并认为首席执行官和董事会将受益于能干的首席董事塞缪尔·泰尔的积极参与。合并首席执行官和董事长职位并同时正式设立首席董事的职位的决定，主要是董事会由于迪克·克拉克作为首席执行官的杰出表现而对其能力的高度信任，以及董事会意识到了克拉克的性格及价值观极大地降低了他试图担任"至高无上首席执行官"的风险。情况发生了改变，在安排上进行灵活地确定是非常具有意义的。

　　另一个至今没有解决的重要问题就是为什么在美国营利性及非营利性组织的董事会及其首席执行官之间的结构关系长期如此不同。本章后记中说明了这个问题。对此问题的思考可能不仅仅是由于独立的利益，而且还可能有助于更清晰地意识到，独立董事长模式在非营利性组织中如何实施才会使自身逐步接近营利性组织的设置。

后记：营利性和非营利性组织中董事会结构之间的典型差异

　　在非营利性组织中，受薪管理人员通常兼职承担首席执行官的职责，而往往是不受薪的董事长担任首席"外行"受托人。对接受来自梅隆基金会的非营利性组织的非正式调查显示，仅在不到 10% 的组织中，首席执行官同时兼任董事长。大部分例外的组织都是外国组织、由其创始人领导的实体或最近才从营利性组织转变的文艺出版社。其他例外的组织有国家科学院、医学研究所以及普林斯顿大学和耶鲁大学，在这些组织中由总裁主持董事会会议。

　　虽然非营利性组织董事会有许多缺陷，但惯常的安排在大多数时间都很有效。然而，在讨论巨大的哲学和历史力量导致的典型领导结构差异之前，我们应该认识到至少在非营利性组织中所特有的两个问题。

　　首先，董事会主席表现得像管理人员这样的危险在非营利性组织明显要比在营利性组织中常见一些。1985 年，肯·代顿（Ken Dayton）在其被广泛引用的关于公司治理的演讲中说道："我遗憾地告诉你们，我已了解到（非营利性）董事会的董事长志愿者都明确地认为他们就是首席执行官。而且我还更遗憾地告诉你们，我还了解到应该担任首席执行官的受薪管理人员并没有担任这一角色，他们完全愿意让董事会和/或董事长发号施令。"

对这种行为的部分解释就是，我怀疑，非营利性组织董事会偶尔倾向于相信他们仅对他们自身负责任，因为这些非营利性组织缺少股东，并且免于营利性组织董事会受到的其他一些外部因素的制约。解决这些问题的关键在于招募更强大的管理人员领导层，并坚决主张董事会了解他们监督角色中隐含的界限。但是还有一些情形就是董事长太冒昧、太倾向于发挥管理者角色。芭芭拉·罗宾逊（Barbara Robinson）是一位经验丰富的非营利性组织受托人，他说道，最差劲的冒犯者往往来自营利性组织中的现任或前任首席执行官—董事长，他们将营利性组织中的典型行为带到了非营利性组织中。

另外一个问题就是非营利性组织有时不够重视董事长的挑选，也不够关注董事长和首席执行官关系的和谐性。下面基于我个人的经验举两个事例：

• 多年前，福特基金会的佛瑞德·芬德利（Fred Friendly）创立了电视节目公共广播实验室（PBL）。在这个过程中，他任命了一位执行董事埃夫·威斯汀（Av Westin），并成立了一个由哥伦比亚新闻学院的前院长爱德华·巴雷特（Edward Barrett）担任主席的董事会，同时我个人也在这个董事会中任职。这个董事会并无机会决定威斯汀是否是这个开创性组织的合适领导者，而威斯汀也没有机会考虑他是否能在芬德利选择的这个董事会中发挥有效的作用。事实证明，执行董事和董事会的理念及工作风格存在实际差异，因而结果混乱并浪费精力。最后该董事会派代表向福特基金会总裁马克·邦迪（Mac Bundy）解释这种情况是无法运转的，执行董事与董事会都必须更换。此后不久，任命了一位新的执行董事。尽管回顾往事可能易于理解为什么芬德利的一腔热血使得其勇往直前，而没有考虑到首席执行官和董事会之间的关系，其中的教训是明显的：需要在董事会和首席执行官之间达成对于使命和经营理念的理性明确的一致意见，绝对不能自主选择董事会和首席执行官。

●当我在1988年当选为安德鲁·W.梅隆基金会的总裁时，威廉·O.贝克（William O. Baker）时任董事长，我们之间的合作非常出色，后来，他告诉我他即将退休。同时，一位受托人委员会资深成员告诉我他期望接替贝克。尽管这位受托人非常优秀，但很显然我们将难以有效地合作。在与一两位其他受托人沟通后，在他们的鼓励下，我决定冒着极大的风险，按照自己的想法从董事会以外挑选一个人，如果这个人能被受托人选中的话，将成为一位出色的董事长，而且我也有信心与之有效地合作。接下来，幸运的光环笼罩着我，在保罗·梅隆（Paul Mellon）的帮助下，我得以说服约翰·C.怀特黑德参与基金会董事长的选举。当时怀特黑德刚刚从副国务卿的职位上卸任。怀特黑德的地位、专业资历和个人素质使得这次选举早早就成了定局。对于我来说，在贝克辞职后让新任董事长的选举顺其自然的发展可以省去不少麻烦，但是这将是一个巨大的错误。

更棘手、更根本的问题就是如何解释美国非营利性及营利性组织中首席执行官和董事会之间典型的结构关系的基本差异。更具体地说，在营利性组织中合并首席执行官—董事长角色模式普遍流行，为什么非营利性组织的首席执行官们却很少担任董事会的董事长呢？

第一，多数非营利性组织的领导结构大多要归因于这些组织对慷慨的外部捐助者的长期需要。非营利性组织的管理层根本无法依靠自己生存，正如在所有权和管理权分离之前的大部分企业的管理层一样。在学院、博物馆及医院等机构中，外行受托人的存在有着悠长的历史，并和美国自愿捐助主义的传统相关，这些机构依赖于强大的私营组织对各项活动进行支持。不受薪的志愿者们往往会创建非营利性机构，因而他们继续在这些机构中发挥治理作用也就不足为奇了。

第二，一般公众可能更怀疑非营利性组织治理自身的能力。许多非营利性组织体现了理想主义者的兴趣，致力于非营利的目标，并且实际运作经验往往不如那些主要投身商界的人们经验丰富。当然这些肯定都是一些刻板印象，但在某种程度上是具有普遍性的，非营利性组织需要杰出的商界领袖、投资者、律师及政治家（这样的人往往担任董事长的角色）积极加入其董事会，需要来自他们的帮助和赞同。潜在的捐助者可能希望确保由负责的、德高望重的局外人领导董事会，并指望这些人进行恰当的投资，遵守正当的会计惯例，并通常以可预料的、可保证的方式经营组织。

第三，非营利性组织的独特使命对其组织结构有着强烈的影响。以高等院校为例，学术自由及学术判断的至关重要性制约了校长、其他负责人和受托人发挥作用。在这样的情况下，很容易看出系统化、高度结构化、以首席执行官为中心的治理模式很不合适的原因。更普遍的情况就是，许多非营利性组织的学院派特征暗示了董事会中需要加入一个强有力的外部力量。在大多数非营利性组织中，人们认为许多专业人士（如大学教职人员、博物馆馆长及医院医生）忠诚于自己的专业以及他们服务的特定机构。

这些考虑有助于解释为什么非营利性组织中的关键角色通常能与强大的外部董事长愉快合作，以及为什么依靠董事会自身及整体制度而不是依靠首席执行官能获得持续的发展。非营利性组织比如大学和医院的领导们习惯于与教职员工及多位医生合作，他们习惯于分享权力及在复杂的、权力共享的决策架构中展开工作。

具有鲜明对比的是，营利性实体往往由企业家或意志坚定的管理者和投资者创办，而且许多由家族企业发展而来。从"内部"选择董事是理所当然的，因为他们了解业务并不得不精心经营，他们的钱财及未来都悬于此上。人们可以看到为什么商业企业中公共责任意识薄弱，因为几乎没有理由让外人监督他们的事务。

时代已经改变了，我们太容易忘记如今强调的外部董事曾经是相对较新的观念。它反映了所有权模式的主要变化，特别是大型金融机构投资者的出现。正如我们从当前对如何提名并选举董事的讨论中观察到的一样（见第 6 章），我们仍试图寻找最佳途径监督大型公司以获得合法股东利益。一些做法在非营利性组织中已然普及，有助于组织寻求应对这种演变的过程，并在清晰决策及监督的需要中寻找适当的平衡。

我的期望是商业机构继续吸取非营利性组织的经验教训，即使我们认识到，非营利性组织中精密的组织结构如果不经修整，将不会在法人机构中沿用下去。正如我将在本书结尾部分再次说的那样，两种组织中使命差异是深远而重要的。

第3章 首席执行官（CEO）的薪酬

关于董事会和首席执行官之间的结构关系，不管作出任何决定，近乎普遍认同的观点就是营利性及非营利性组织董事会的主要职责是评价首席执行官的业绩。首先，这种评价有助于决定首席执行官的薪酬，是决不能掉以轻心的。批准"额外津贴"也是确定薪酬工作的一部分，正如监督额外津贴的使用和监督首席执行官的费用开支一样。近年来，这些职责在非营利性组织及营利性组织中完全一样。本章主要讨论这两种组织中的薪酬问题。

营利性组织中的一个热门话题

尽管在这个问题的严重性及如何应对方面存在相当大的分歧，但仍很难找到一个人能承认其错误地相信公司董事会会给首席执行官提供合适的薪酬。通过媒体报道中人们高分贝的愤怒吼声可以判断出，对于频繁发生的首席执行官往往并非因工作业绩而获得高薪事件的愤怒是很常见的。

2006 年 2 月《洛杉矶时报》/彭博社调查发现："大约 81% 的美国人……认为大型公司的高级管理人员薪酬过高，这个百分比随收入水平或政党关系仅发生很小的变化。"一项"新运动"据说"正在将管理者工资激进主义转变为一种强有力的主流力量，而不仅仅是讨厌的障碍"。参与者包括一名哈佛大学法律教授、一名共同基金的受托人、外国金融机构投资者、工会领导和政治家。根据机构股东服务公司（ISS）的数据，到 2007 年 3 月 9 日，投资者已递交 266 份与薪酬相关的股东建议，这个数目几乎两倍于去年同期的数目。批评者将他们的愤恨发泄到诸如股票期权追溯等非法行径、所有类型的额外津贴，以及被称之为"失败的代价"的事件上，且最根本的还是发泄到全部薪酬的标准上。

首先最明显的难题就是没有人能防止股票期权追溯。由此高管可以选择在批准之前的低价时期购买他们公司的股票，而不是以期权授予后的价格购买，结果就是期权立即转变为钱。这种做法始于 20 世纪 90 年代硅谷的小型初创公司（微软公司在 90 年代某个时期也曾有这种做法），然后蔓延到一些较大的公司。美国联合保健公司是首个涉及这种做法的一流的、历史悠久的、硅谷外部的公司；其董事长兼首席执行官威廉·麦圭尔（William McGuire）被迫辞职并退还了他持有的价值 11 亿美元的"遭到严厉指责的股票期权"中的一部份。尽管正在调查这种做法的波及范围，但是认为操纵期权价格是主流公司的普遍现象的想法是错误的。仅仅几个不道德行为的事例引起了对管理人员薪酬的冷嘲热讽，认为这样的薪酬危害了那些坚持严格遵守适用法律标准的公司。

各种过高的额外津贴及不适当的开支账目等其他的严重流弊，通过诉讼案件及新闻报道也受到相当大的关注。美国泰科和世界通讯公司就是突出的例子。此外，广为宣传的通用电气公司杰克·韦尔奇（Jack Welch）的退休福利，尽管绝无违法，但也足以烦扰很多人，使得韦尔奇决定放弃其中的部分福利。和首席执行官职责不直接相关的额外津贴，即使数额适度，也会受到严厉批评。一个简单的例子就是公司付酬额包括高薪首席执行官的个人理财咨询费用，这些首席执行官其实应该自己支付这些费用。董事会尤其是薪酬委员会有明确的责任确保开支账户没有被滥用，并确定报酬的实际账目处理（和记录）的就是薪酬而不是业务开支。

有的管理人员在遭遇对公司业绩的抱怨、战略方向的怀疑及首席执行官自身薪酬的批评时被要求辞职，为这些管理人员提供巨额薪酬也是非常错误的。汉克·麦克金内（Hank McKinnell）在辉瑞公司的薪酬是经常被提及的例子。据报道，汉克·麦克金内在担任首席执行官期间，其薪酬高达6 500万美元，养老金为8 300万美元，总离任收入近2亿美元。而辉瑞股价在其任期内暴跌43%。美国家得宝公司的罗伯特·纳德利由于战略观点、对没有外部董事出席以及股东被钳制言论的臭名昭著的年度会议的令人失望的处理以及薪酬安排的争论之后被解雇。纳德利离任收入达2.1亿美元。帕塞尔离开摩根士丹利时，其离任收入为1.137亿美元，其中包括4 270万美元的"离任奖金"。《纽约时报》在一篇题为《华尔街的失败报酬》的社论中不仅谴责了这种奖励明显失败的首席执行官的做法，还谴责了给予斯蒂芬·克劳福德（Stephen Crawford）的3 200万美元报酬。斯蒂芬·克劳福德曾任职三个月的联合总裁，并被《纽约时报》称为"帕塞尔先生细心的门徒"。再以一个较低调的人为例，布鲁斯·罗德（Bruce Rohde）是康尼格拉食品公司的前任董事长兼首席执行官。据说在他8年任期内，他收到超过4 500万美元薪水以及2 000万美元退休金，尽管康尼格拉食品公司"常常达不到盈利目标，运作状况不如同行……股价也下跌了28%"。

这种情况被许多人称为"为失败买单"，其症结往往在于初始的雇佣合同。问题不在于董事会突然开始分发大量资金，他们也只是遵守先前的合同协议。当事情变糟时，这种合同协议的条款被证明太过慷慨。对招募知名管理人员的希望使得董事们忽视了离职合同中可能的弊端。在某些情况下（比如辉瑞公司的麦克金内），董事们远未真正理解他们已批准合同的细则条文。正如一位评论员所说，董事会可能是希望通过给予大笔款项使首席执行官悄悄地离开，避免公开斗争，从而掩盖其错误。在私人股本企业中，很少出现为失败买单的现象。相反，管理人员自身的一部分资金会处于风险之中，正如有人说的那样："如果你表现不佳，你就输了。"

并不是只有那些广为宣传的案例导致人们对管理人员薪酬的普遍不满，还包括全部薪酬的额度。管理人员薪酬安排的复杂、神秘以及与基本工资、年度奖金、长期激励奖项及股本（包括股票期权、"业绩"及受限股票）混合，因而难以采用可理解的方式描述总薪酬水平及上升幅度。卡罗拉·弗里德曼（Carola Frydman）（麻省理工学院斯隆管理学院）和雷文·萨克斯（Raven Saks）（美国联邦储备委员会）作出艰苦的努力，比较了20世纪30年代到2003年管理人员与普通员工的薪酬。他们发现在1940年大型公司高层管理人员的平均工资是普通员工的56倍，这一比率在20世纪50年代、60年代和70年代实际上是下降的，而到了90年代又迅猛上升。如今这一比例为100∶1。

经济学家泽维尔·加贝克斯（Xavier Gabaix）和奥古斯丁·郎迪尔（Augustin Landier）关于1980年以来首席执行官薪酬增加的研究发现，薪酬增加在很大程度上归因于企业平均规模（市场资本化）的趋势。正如其中一位作者所说："如果所有企业规模都变大的话，越来越多的人支持同样能力获得更多的报酬。"当整个企业规模变大时，成为一名比你的竞争者更优秀的首席执行官更重要。作者发现，首席执行官的薪酬并没有在多大程度上激励其更加努力地工作，而如果向他们征收更多的税则会导致稍许的经济损害。那么如何来回答这个问题呢，如果这个模型是正确的话，首席执行官薪酬在20世纪40年代到20世纪70年代增幅是较小的，麻省理工学院的经济学家弗兰克·利维（Frank Levy）认为，在那些年，许多人是害怕劳工骚动的。《华尔街日报》总结加贝克斯—郎迪尔的研究认为："恐惧暂时战胜了贪欲。但工会和政府对市场力量的制约的担忧在 1980 年左右减退。贪欲最终获胜。"

绝对的美元水平对大多数人来说是最容易理解的。根据薪酬分析公司 Equilar 对 150 家最大型公司（按收入排名）的调查，其中一家公司具代表性的一位最高管理者 2006 年赚得 1 010 万美元。美世人力资源咨询公司的一项调查发现，350 家大型公司首席执行官的直接总薪酬约为 650 万美元。其中西方石油公司首席执行官雷·R. 伊拉尼（Ray R. Irani）的薪酬最高，达到5 200 万美元。华尔街大型投资银行领导者的薪酬大概在 4 000 万美元到 5 000 万美元之间。

见多识广的观察家们对此薪酬水平的态度大不相同。我的一位朋友对商业做法的不满从来是毫不犹豫地表达的，但是他说，如果这些巨额薪酬确实是根据首席执行官们的表现而定，那么他觉得这样的高薪是理所当然的，如果还觉得难以理解，不妨再看看摇滚明星甚至普通职业运动员的超高收入。其他赞成高薪的人们提请大家注意那些鼓舞人心的领导（比如，苹果公司史蒂夫·乔布斯（Steve Jobs））极大提升了股东价值，并扪心自问给予那些领导公司取得了辉煌成就的首席执行官们高额薪酬到底有什么错呢？

但是支持高薪并不是一种规范。一些高级管理人员及主要投资者加入了抱怨首席执行官高薪的行列。杜邦公司前首席执行官小埃德加·S. 伍拉德（Edgar S. Woolard Jr.）毫不犹豫地表达了对这一问题的看法，另外还包括先锋集团创办人兼前董事长约翰·博格尔（John Bogle）（"我们必须恢复部分真相"）、伯克希尔哈撒韦公司的查理·芒格（Charlie Munger）（"约有一半的美国工业其薪酬体制是不公平的，最高管理者薪酬过高"）及其他人士。《财富》杂志详细报道了在一次私人聚会上，通用电气公司杰夫·伊梅尔特（Jeff Immelt）说："首席执行官的合适薪酬最好远低于如今他们获得的薪酬。"他还说："我希望结束关于这个问题的争论……将精力转向教育、革新、技术、全球化及竞争力等重要问题上。"伊梅尔特是正确的，无论对薪酬水平持什么样的观点，关于管理人员薪酬的争论已极大地干扰了人们将注意力转向其他更应受到重视的方面。

还有一个更广泛层面的争论。正如康明斯发动机公司和朗讯科技公司的前首席执行官、现就职于华平投资集团的亨利·沙赫（Henry Schacht）自 20 世纪 90 年代末就一直主张的那样，管理人员过高的薪酬是在国家内部及国家之间引起"收入悬殊"的部分原因。收入悬殊的问题逐年加剧。担忧管理人员高薪的原因之一就是其传达了美国企业及资本主义的形象。正如伍拉德所说："我真不明白为什么这么多首席执行官不担心企业领导人的整体形象。"

如果董事会自身不去解决首席执行官高薪的问题，如今公众对此问题的不满足以唤起新形式的公司治理规章。"限制首席执行官的薪酬已纳入解决日益扩大的经济不平等的建议当中"，列在"提高最低工资"之后。让许多人称奇的是，布什总统参与了这次讨论，当时他刚在华尔街发表讲话，催促公司"重新考虑薪酬制度"。布什总统说："美国公司的董事会必须加强自身的责任，重视自己批准的管理人员的薪酬包。"根据《纽约时报》报道："白宫官员称布什先生将提出这个高薪问题，他强烈反对管理人员握着巨额薪酬离任或离开公司，而员工和低级管理人员的薪酬是过低的。"2007 年 4 月，美国众议院批准"薪酬发言权"的法规，为股东提供有关管理人员薪酬的非约束性投票的权利。一项"提高收入差距关注"的法案获准通过。

担忧高薪的最后一个原因就是对目前不恰当的薪酬水平的直觉，"恶心"这个词用得相当多。20 多年前，杜邦公司前董事长兼首席执行官欧文·夏皮罗（Irving Shapiro）发出了至今都还很经典的警告，他说"中饱私囊"会破坏公司内部的士气及外界对公司的信心。

董事会所犯的最具破坏性的错误削弱了内部士气及外部信心，并留下如下印象，认为高层管理者只顾中饱私囊，无论狂风暴雨，只顾自身的温暖和干燥。过去亦有大型公司遭遇不幸，甚至到了破产的边沿，但管理层领导通过自我管理式的保护网很好地保护自身利益，而同时员工却被解雇，股东们也只能从残存的资产中挑选出仍有价值的部分。为避免这种情况，不仅需要一个有警觉性的董事会（在医生了解情况之前，病人如何知道自己生病了呢），还需要一个强硬的独立的薪酬委员会。另外，还有一个先决条件就是对于业绩的良好判断。如果公司靠惯性发展，无所事事的管理人员可能多年都满面春风，但实际上公司的未来前景及内部结构已残破不堪。在艰难时期受到重创的公司即便有一个卓越的管理团队采取一切适当的步骤展开重建工作，可能仍在一段时间里继续亏损，但是以后这个管理团队将成为公司的救星。薪酬委员会需要明智地判断哪些工作是应该给予报酬的。

行动的考虑

虽然需要一定的时间，但目前薪酬委员会确实感受到了紧迫性。委员会成员的声誉，尤其是主席的声誉岌岌可危。薪酬咨询公司 Frederic W. Cook & Co. 总裁丹·赖特班德（Dan Ryterband）说："作为董事，注定赢得两种东西，一是钱财，另外更重要的就是声誉。"赖特班德研究了很多作为董事规避风险的方法，我自身的经验也认为薪酬委员会成员尤其是委员会主席高度重视在确定首席执行官薪酬时深思熟虑的必要性。艾拉·米尔斯坦（Ira Millstein）等人强调指出"除了董事会没有人能控制薪酬"。

我完全同意米尔斯坦对职责所在的评估。我认为董事会及其薪酬委员会应该：

• 勤于预防诸如追溯股票期权的疯狂行为。

• 拒绝任何看似微不足道的、没有以支撑组织运营为目的的额外津贴。然而，我赞成一些费用支出，比如，保护首席执行官安全的费用，及用于提高在差旅过程中承受巨大压力的人员工作效率的费用。这些费用并非额外津贴，而是完全合理的业务开支。

• 谨慎招聘新的首席执行官，不签署可能造成麻烦的离职合同。董事会应该与潜在首席执行官谈判，努力达成按照首席执行官产生的价值来付酬的意见，尽量避免不必要的失败。

• 抑制支持者对首席执行官高薪的过分热情，一位评论员曾称这种现象为"兰格恩"问题，指的是肯·兰格恩（Ken Langone）强烈支持许多人反对的纽约证券交易所理查德·格拉索的高薪事件。

更为普遍的是，薪酬委员会能采取的一个步骤就是确保薪酬顾问的真正独立。正如一名颇有见识的薪酬咨询顾问所说："在历史上，人力资源负责人聘请为管理层工作的薪酬顾问，并为薪酬委员会提建议，但董事会不参与雇用的过程。"此外，人们有时忽视了一个事实，即一家公司既提供了薪酬建议，还为公司管理层提供了其他服务。现在人们普遍认识到，薪酬委员会的董事而不是管理层必须聘请顾问，以提供方向和指导意见，并确保防止利益冲突。公众对薪酬顾问的认同（现今为 SEC 的要求）也有助于保护所有各方的利益。

即使遵守所有适当的独立标准，委员会还是必须密切监督薪酬顾问采用的原则及技术。一些评论员批评首席执行官高薪合理化所导致的无休止压力。首席执行官 A 以首席执行官 B 获得的报酬为依据，而之后 B 的薪酬至少一部分又是基于与 A 的薪酬的比较，并如此不断循环往复。试图让每个人的薪酬都在 75 分位内意味着极容易理解的螺旋式上升。有时人们会幻想生活在加里森·凯勒（Garrison Keillor）构想的沃贝贡湖，在那里所有孩子（以及所有的首席执行官吗?）的智力都高于平均水平。将目标放在 50 分位更有意义，但最根本的是不要痴迷于比较。它们应仅被视为参考点。正如一位评论员所注意到的："目前由薪酬顾问而加剧的麻烦就是平庸的人才试图跟上那些能自行决定的天才。"

沃伦·巴菲特（Warren Buffett）在其一本广泛传阅的年度报告中，对"Ratchet, Ratchet, & Bingo"这个虚构的公司发表了如下言论：

> "通常，美国高管的薪酬完全不符合自身的表现。其结果就是表现平平或者表现糟糕的首席执行官，在他精心物色的人际关系主管和非常乐于助人的咨询公司顾问 Ratchet, Ratchet, & Bingo 的协助下，最终总是从一个界定不清的高管薪酬安排中获得大量的金钱。"

必须找到从同伙中脱颖而出的方法，尤其是当"同伙"不是最佳选择的时候。以可称为"雄心勃勃"的方式确定公司同伙是充满诱惑的，包括人人想要超越的高绩效企业伙伴。美国运通公司前首席执行官詹姆斯·罗宾逊（James Robinson）对这个问题进行了这样的描述：

> "很多时候，首席执行官们展开制度博弈。选择薪酬最高的公司作为竞争比较的一部分，然后基于雄性激素的驱使提出这样一个概念：显然，我们认为我们自己作为公司的领导。我们应该将我们的薪酬目标设定在 75 分位内。而不要只是希望处于平均水平。"

拥有较高的志向是好事，但在确定基准时，过于重视最成功公司的领导人所享有的奖励却不是好事。

人们普遍认为解决方案就是基于精心构想的绩效测量来确定薪酬。找到合适的衡量标准是一个具有挑战性但至关重要的任务。我坚决认为应当更加重视行业标杆而不是过分强调成功地实现内部制定的业务计划。应密切关注利润的长期增加及投资资本回报率，而不仅是营业收入的增长或每股收益的短期波动。默克公司在量化绩效上已取得了实质性的进展，不仅是在每股收益的增加额上，还包括比如运营效率、研发能力及保留和激励关键员工等方面。这些其他因素极大地影响了公司的长远绩效，并因此确定了长期的股东价值，即使这些因素对下个季度的收益影响有限。

至于薪酬形式，人们日益质疑是否应高度依靠股票期权，因为其价值取决于有时甚至受控于飘忽不定的股价，有时是跟随股市大势水涨船高的，有时甚至是被操控的。采用一些标准股票期权是好的，但还应有其他股本薪酬的形式，比如基于绩效的股份，尤其是对于首席执行官及资深管理人员。当伴随着首席执行官长期持有股票的要求时，我也同意逐步授予的限制性股票是有益的薪酬形式。我认为首席执行官们应该持有以净值计算的实质股，而这些股票净值直接依赖于他们所领导公司的成败。

在私人股本组织中，适当的激励问题主要是关注组织本身，因为首席执行官的薪酬直接取决于他们所持股票的最终价值。正如芝加哥大学商学院研究生院的史蒂芬·卡普兰（Steven Kaplan）所说："私人股本组织的所有者真正按绩效付酬，首席执行官不会因为赚取巨额薪金而收到评判（通过股票期权游戏或其他伎俩）。"私人股本公司提供更多的好处，同时避免了"首席执行官薪酬不会损失"的现象。大型收购公司 Thomas H. Lee Partners 的联合总裁斯科特·斯普林（Scott Sperling）说："我们公司管理团队获得的约 90% 薪酬源于股权价值的驱使。"

这是上市公司明显的教训。

除了根据绩效付酬及同意结合各种薪酬形式，和全体董事充分讨论首席执行官薪酬的所有方面是很必要的。在披露上市公司要求的新 SEC 披露要求生效之前，一些公司采用记数单确保董事理解首席执行官所有形式薪酬的当前及预期价值。综合所有这些会使得薪酬更清晰，也导致计数单被称为"神奇"的表单。至少在一些情况下，有效地使用计数单能使董事会改变高管薪酬的数额及形式。

在 2006 年秋季的一次裁决中，法官查尔斯·E. 拉莫斯（Charles E. Ramos）得出结论，认为纽约证券交易所前首席执行官理查德·格拉索没履行受托义务，告知董事会其迅速增长的薪资，他必须退还 1 亿美元。格拉索被提起诉讼的纽约州最高法院的这一裁决，其隐含结论就是最高管理者不能简单依据"他们（薪酬委员会）给了我这笔薪酬"这样的说辞来保护其薪酬。我赞成这一裁决，但我认为除了首席执行官，其他人也有责任传达关于薪酬的所有重要事实。具体而言，薪酬委员会应坚持主张人力资源的领导及独立顾问直接向委员会报告，共同承担责任以确保薪酬的数额及特性能被委员会所有成员了解接受。董事们应谨慎批准复杂的高管薪酬。

由于 SEC 强加的、新的、意义深远的披露要求，曾经的至少半志愿行为变成了强制性行为。其中，所有上市公司现在都必须给出首席执行官和其他主要高管年度总薪酬的底线，包括延付薪酬、退休金和额外津贴以及长期的奖励。薪酬委员会还必须相当详细地解释他们是如何达成薪酬决策的，列出被包括进行同行分析的公司以及如何确定独立的薪酬顾问。拉里·博西迪给出了有益的建议，认为薪酬委员会应通过提议合理的工资"级别"、奖金及长期激励薪酬，让股东更加了解他们的想法。

现在在新的披露要求（遵守股东签署的委托书要详述 2006

年薪酬）方面已有一些经验，显然……并非所有内容都是明确的！为达到可比性，即使付出了九牛二虎之力也不会总是成功，至少不是即刻见效。而用以披露薪酬组成部分及描述付酬原则的纸张倒是用了不少。一个具体的复杂现象就是，尽管新的披露规则更符合目前的会计规定，但依赖于市场的浮动薪酬组成部分比如股票期权的价值，都和过去首次提出此项奖励时大不相同，却仍导致了"怪异"的薪酬数额。

根据 20 世纪早期最高法院审判员路易斯·布兰代斯（Louis Brandeis）的格言，一些评论员表示，阳光将被证明是最好的消毒剂。鉴于这一新的强制性透明措施，被公众为难的恐惧可能限制总体薪酬以及难以按照高管绩效给付的额外津贴。披露要求也必然阻止隐瞒薪酬及寻求逃避缴纳税款的复杂机制。同时，一些持怀疑态度的人质疑这些披露是否将有任何实际效果（"（它）像阿司匹林一样，能使你感觉稍微好一点，但其甚至都无法治愈普通感冒"）。还有人认为披露要求公开了其他人的薪酬，反而会加速薪酬的增加。尽管如此，人们还是一致认为更广泛的披露原则将最低限度地促进对薪酬问题更充分的讨论。

首席执行官更多的自我约束也是有帮助的，尽管难以了解对于当季度业绩的帮助有多少。正如德里克·博克所警告的那样："我担心少数人不可避免的高薪导致几乎难以抗拒的压力，使得其他首席执行官纷纷效仿。"对于亨利·麦金内尔在辉瑞薪酬的争论颇有启发意义。董事责任投资者基金会的领导者小弗雷德里克·E. 罗（Frederick E. Rowe Jr.）会见麦金内尔，并请他退还达 8 300 万美元退休金中的一部份。罗提出说："他（麦金内尔）是世界最大制药公司及商务圆桌会议的领导，因此应该为商业界作出榜样。"麦金内尔拒绝这一要求，用一位专栏作家的话来说就是："浪费了一个成为领头人的机会。"

在试图理解为什么主要高管要求如此高额的薪酬时，应跳出对于其纯粹贪婪的猜测。我个人的观点是，最高的社会地位及最好的愿望往往是更强大的动力。就我在不同企业的任职经历来说，董事们很难抗拒这种观点，即如果真正优秀的首席执行官没有获得很好的报酬，他会有一种不被重视的感觉。正如那些认为应该承认出色业绩和坚持合理标准的人一样，我在这种情况下也感到矛盾。另外，这些高管对自身价值及个人重要性的强大自我认知放松了董事会屈服于当前压力的需要。我曾亲历过这样的事件。我清楚地记得 AT&T 的失败促使当时 NCR 的领导查尔斯·埃克斯利同意收购的想法。尽管提供给埃克雷大量额外报酬，但埃克雷对此的回应是："我本来要掌舵一艘船的航行，现在有了两艘船，我该怎么做呢？"我认为薪酬委员会及其首席执行官之间的坦诚对话至少能削弱薪酬及社会地位之间的联系，这点是可以相信的。

最后一个问题是董事会是否应该抵制股东要求对首席执行官薪酬享有不具约束力投票的压力。对于这个问题，我心里有两种想法在斗争。我个人认为"薪酬发言权"的想法是固执的，因为股东们绝不可能对这些问题有足够的了解从而进行有根据的投票。但是政治直觉告诉我不具约束力的投票可能有利于告知董事会股东们所认为的过高薪酬是怎样的。众所周知的底线就是，不论是否进行投票，薪酬委员会不得不作出比许多人预备作出的更为强硬的决定。据我所知，在一些出名的案例中，公司的首席执行官既不拒绝工作邀请也不放弃现有的工作，因为他们觉得所获薪酬太少。

非营利性组织中的类似问题

非营利性组织的受托人委员会同样必须全力应对许多营利性组织董事们面临的薪酬问题。许多（但不是全部）想法适用于这两种类型的组织。当然，对开支账目及额外津贴的监管在非营利性组织中也同样重要。鉴于使用额外津贴和费用津贴来抵消低水平基本工资的倾向，这种监管甚至更为重要。这种抵消的做法我觉得非常不明智。盖蒂信托基金的前总裁巴里·穆尼兹长期非法花费慈善基金及其最后被解雇就是一个非常典型的例子。回顾起来，受托人们显然没有合理监督盖蒂信托基金的费用开支，包括穆尼兹妻子的旅行费用。同样，美国史密森尼学会显然也没能充分监督秘书斯莫尔在该机构上的开支。

没有必要再举其他事例，基本观点已经非常清楚。非营利董事会必须勤于为总裁及执行董事制定切合实际的额外津贴及开支准则，尤其勤于监督实际的开支活动，并向所有受托人仔细汇报监督活动。由于董事长或执行委员会的阻止，一些受托人并不了解薪酬分配的实情，所以我强调应向"所有受托人"汇报监督活动。不让受托人了解薪酬分配这也是完全错误的做法。所有受托人都承担相同的受托责任，而且仅在被通知的情况下才能履行这些义务。我要进一步建议，非营利性组织董事会（尤其是其董事长）应积极承担义务，为总裁及执行董事特别是那些新上任的总裁及执行董事，提供有关敏感问题的一些指导和建议。如果不处理好，这些问题将会引发困境。总裁府邸的昂贵装修往往位居于这些问题之首。

广为宣传的关于加州大学十个校区中一些个人薪酬的争议，有力地说明了保证仔细监督及充分披露程序的必要性。加州大学校长罗伯特·戴恩斯（Robert Dynes）竭力在竞争激烈的市场中招募高端人才，并且不得不遵循总薪酬框架，而其薪酬待遇低于其他大学的薪酬体系。在这种情况下，戴恩斯设法最佳利用各种资源，调整薪酬及额外津贴以满足特殊个体的需要，但不幸的是，这个程序及其略复杂的结果并非总是符合大学政策，也没有向董事会充分披露。戴恩斯及其管理团队之后承诺更好的完成

"充分披露全部薪酬"的工作。随后，戴恩斯辞职。显然，信息透明度及披露的预期都急剧上升，这可能是在合理的范围内转向好的方面。

直到最近，非营利性组织中整体薪资水平依然不如营利性企业中高管薪酬那样备受关注。根据营利性企业中的标准，大学校长及大多数其他非营利性组织中领导的薪酬水平是保持适中的，但是这种状况也发生了相当显著的变化。2006年的一项调查发现，传统的四年制公立及私立高等院校的112位校长获得的薪酬至少为50万美元，与上一年的数据相比增加50%。尤其值得注意的是，高额薪酬的现象从知名的私立大学蔓延至公立大学。戈登·基（Gordon Gee）突然令人吃惊地从范德比尔特大学回到俄亥俄州立大学校长的位置，这一事件再一次引起了关于公立大学校长薪酬的讨论。显然，包括递延报酬在内，戈登·基在俄亥俄州立大学的薪酬为100万美元。不管人们对这一薪酬抱有何种想法，我都同意基的观点，即没有理由使公立大学校长的薪酬低于私立大学校长的薪酬。

主要资助型基金会总裁的报酬和研究型大学校长的薪酬基本相当。在一些非营利性组织中，医院和医学院领导的薪酬往往相对较高，例如，斯隆—凯特琳癌症中心的哈罗德·瓦缪斯（Harold Varmus）的薪酬大约为250万美元，这反映了医学院系主要医生及成员所获薪酬存在已久的状况。主要艺术中心及博物馆领导的薪酬也在50万美元以上，有时大大高于50万美元。交响乐音乐指挥的薪酬也相当丰厚。

然而，一些不太出名的非营利性组织的总裁及执行董事获得的薪酬却较适中。我认为，与营利性组织形成鲜明对比的就是，非营利性组织的薪酬不是太高而是太低。这些职位往往要求非常苛刻，就任这些职位的人经常长时间加班工作，而且只有有限的人员支持，当出现事故时还得遭受严峻的批评。复杂的非营利性组织的领导，包括高等院校的校长，当然不必为六位数的薪酬感到惭愧，而且很多人的薪酬远远小于六位数。

　　然而，局外人的高薪是一个不同的问题。我们很容易理解为什么国会议员和其他人困扰于史密森尼学会斯莫尔秘书的薪酬水平（当他离职时薪酬超过 90 万美元），以及斯莫尔秘书在提高其薪酬时所扮演的咄咄逼人的角色（他坚持主张其薪酬应该处于被史密森尼学会认作同等机构的薪酬水平的 75 分位）。由于包含以住房津贴的形式来掩盖斯莫尔真正薪酬的部分，以及由于薪酬名目没有向董事会披露的事实，这种情形变得更糟。

　　我相信隐瞒薪酬水平或发薪方式一直都是错误的做法。据报道，2007 年 2 月，纽约现代艺术博物馆的董事格伦·劳里（Glenn Lowry）获得的薪酬超过了博物馆在其税表中报告的数目（尽管劳里支付了所有的个人所得税），原因在于其利用几个主要捐助者设立了鲜为人知的信托。这一做法在 2004 年被停止，而现在回想起来，复杂甚至模糊的薪酬构成似乎是不明智的。任何特殊来源的薪酬都应该充分披露。

　　非营利性组织应认真对待实际披露的问题。2004 年 IRS 推出的《管理层薪酬标准动议》，用于查阅在表格 990s（用于汇报薪酬）缺失的信息，大量受到影响的公共慈善机构及私人基金会不得不提交修正的报告，以正确反映高管薪酬。然而，值得注意的是，这些都是披露问题而不是薪酬本身的问题。很多案例中都发现了"高额"薪酬（在非营利性组织中）问题，这份调查指出："一般而言，高额薪酬都在适当可比性数据的基础上得到证实。"

　　从我的角度来看，非营利性组织，包括一些不太著名的组织，其不断上升的高管薪酬增长速度令人鼓舞。研究者认为这种趋势部分源自供求基本关系的转变。非营利性组织的数量及非营利性组织执行董事的空缺职位数量主要因大量退休的人口原因而继续增加。受托人委员会认识到他们必须增强竞争力以吸引高端人才。在高等院校中有许多关于校长薪酬过低的后果的热烈讨论。自 1987 年以来，爱荷华大学已有四位校长跳到其他大学薪酬更高的职位，其中包括三所私立大学。

许多因素促生了在非营利性组织中设定总裁及其他高管薪酬的更规范的方法。这些因素包括营利性组织发展的溢出效应、更多的监管及对正确履行这一重大董事会责任关键性的清晰认识。一个主要的变化就是当考虑到薪酬调整时，系统审查总裁或执行董事的年度绩效的频率增加。（本章附录中详细解释了圣弗朗西斯科电视台 KQED 这个主要的非营利性组织如何进行系统审查）

长久以来，这种审查往往被认为是难以实施的，也是那些高尚机构如高等院校不屑做的。现在这种态度已经改变。如今美国大学董事会协会（AGB）极力赞成如下两个基本原则：

（1）通过定期评估，评价校长在已商定业绩目标方面的成就，并就此设定校长的薪酬。

（2）根据机构内外的适当基准，包括同类机构提供的薪酬水准，设定校长的薪酬。

提及业绩目标直接引出"奖励津贴"的话题，但是我更倾向于"奖金"这种说法。激励薪酬不管采用什么样的说法在营利性组织中都很普通，这个概念现在被引入了非营利性组织中也不足为奇。这个概念的引入在很大程度上是商业经验丰富的受托人们就职于非营利性组织时所带来的。此外，如果总裁或执行董事达成了所谓的"弹性"目标，而且能充分理解不另外提供激励薪酬，那么董事会能更容易地证明更高薪酬的正当合理性。

采用激励薪酬机制能激发组织的领导者及其董事会，以制定一套衡量领导业绩的目标。这可能是一个非常困难且艰巨的工作，必须谨慎设定能适当表现组织使命的目标。例如，我认为将高等院校的奖励津贴和提升该机构的美国新闻排名挂钩是不正确

的，正如亚利桑那州被报道将奖励津贴作为校长迈克尔·克罗
（Michael Crow）新薪酬合同的一部分的做法一样。在制订激励
薪酬计划时也很容易过度使用或滥用筹资目标。能否满足这些目
标可能在很大程度上取决于受托人或不在校长领导之下的其他人
的工作情况。有人告诉我这样一种情形，某院校的高级工作人员
无法抵制诱惑，虚报了数目，因此他们只得装出达到筹资的目
标，但事实上并没有达到。

我认为当一个带有法人性质的非营利性组织设定一套与组织
使命直接相关并可量化的目标时，激励薪酬机制是最有效果的。
JSTOR（主要学术期刊备份文件的电子资料库）就是一个很好的
例子。这个组织能将有价值的学术内容成功地传送至世界各地，
主要依赖于与那些愿意有效地提供来自出版商、并满足要求的数
字化内容的期刊签约合作，并设计有效平台及其他能以用户容易
掌握使用的方式传送内容的功能，然后鼓励图书馆签约获得
许可。

许多满足这些要求的标准都容易确定，受托人们决定执行董
事的部分总薪酬是基于其是否实现了雄心勃勃的目标（包括一
些作为底线的财务目标）。但即使在这种情况下，董事会成员仍
须谨慎行事，在关于合适薪酬水平的最终裁决上，避免过分僵化
或机械。业绩表现界定了高管应达到的成绩，有助于对决策的了
解；但如果对总裁或执行董事业绩的各个方面都进行了公平地评
估，它就绝不会是难免有些主观的必要判断的替代。

在许多其他的非营利性组织中，设想一套合理的量化目标是
更困难的事情。一般，我认为非营利性组织将不会像营利性组织
那样大规模采用激励薪酬。对于很多非营利性组织来说，按照最
终不会扭曲自身使命的可靠方式衡量"使命回报"是相当困
难的。

非营利性及营利性组织的总裁及高管在考虑他们的薪酬问题

时存在最后一个差异。许多非营利性组织的总裁，包括许多高等院校的校长，在限制自身薪酬时，比营利性组织的首席执行官们施加了更多的自愿接受的制约因素。其中一个例子就是，塔夫茨大学的校长劳伦斯·巴考（Lawrence Bacow）获得了合理的薪酬（约在 50 万美元的范围），但他坚持认为塔夫茨大学提供的这个薪酬低于董事会愿意提供的薪酬。那他为什么会有这种想法呢？因为他和许多其他校长一样，认识到他所在的组织是共享权力的，而校长和其他主要领导及教职员工薪酬差距太大的话就会影响学校的运作。

对于许多担任大学校长及类似高校的非营利性组织的总裁来说，一个重要的考虑因素就是组织需要招募及激励决定成败的同事。同事们必须了解他们被视作组织成败的关键，如果总裁的薪酬远远超过同事们的薪酬，则很难传达这种信息。根据定义，赚钱与营利性公司的使命而不是与非营利性组织的使命密切地联系在一起。这也是两种类型组织中总裁或高管薪酬大不相同的另一个原因。

第 3 章附录：非营利性组织中首席执行官的董事会评价

由尼古拉斯·多纳蒂耶洛（Nicholas Donatiello）于 2007 年 3 月编写。他是北加州公共广播（NCPB）的董事长，领导管理圣弗朗西斯科的大型公共电视台 KQED 及北加州的四个其他公共广播电台及电视台。

约 5 年前，KQED 董事会意识到董事会担当的最重要角色可能就是聘请首席执行官、评价首席执行官的业绩及更换首席执行官，并决定不将这个关键任务移交给董事会以外的其他任何团体。这一决定似乎很公正，但为有 27 位成员的董事会带来了不少实际的挑战。

自那时以来，这个过程不断演变，尽管费时，但却富有成效并获得了一些预料不到的好处。这一过程起始于年初首席执行官起草个人目标及年度目标，采用五年战略计划作为指导。董事会在非公开会议上（没有首席执行官参与的会议）审查了草案，一名（或多名）被指派者反馈了董事会的意见并与首席执行官合作修改完善草案。这份草案还需经执行委员会审查并由董事会最终批准。文件中还规定了首席执行官获取奖金的依据。

年终时，董事长（有时为董事长当选人）给每一位董事会成员分发一份问卷，附带年初的最终目的和目标，以及来自首席执行官关于每个目标完成情况的信息及评注。这份问卷本意旨在激励思想的火花，因此内容简洁且非常普通，鼓励董事会成员就他们认为重要的任何话题发表评论，并征求改进意见及建议。董事会成员通过电子邮件的形式向董事长发送书面回复。同时，每位向首席执行官直接汇报的人（共约8人）收到一份单独的问卷。在作出匿名的书面反馈后，装入无法识别寄信人的信封，寄回给董事长。董事会及员工的反馈均是无记名的，但并非机密；反馈的实际内容，有时甚至是原话，都可能传达给首席执行官，但首席执行官无法得知具体的反馈人。

董事长审阅所有的反馈意见，以寻找一些模式和主题，然后创建一个首席执行官审查草案，该草案中包括那些赞美或是批评的主题，还援引了支持这些主题的反应（如果董事会非常专注并考虑周到，这个过程实际上没有听起来那么繁琐）。评审包括对首席执行官年初设定目标完成情况的评价、草拟奖金额及薪酬调整。草案提交给董事会并在非公开会议上进行讨论，在必要范围内，董事长需要进行变更及最后定案。最后这个文件应是董事会的一致意见。定案文件提交首席执行官，在其有时间审阅后，董事长及另一董事会成员（通常为副董事长或董事长当选人）与首席执行官一起回顾并讨论该文件及解答任何问题。然后首席执行官起草来年的目的及目标，开始新一轮的过程。

　　这个过程运行得相当顺利，仅需付出合理的专注及努力。它要求每位董事会成员花费大约一个小时（许多人甚至不到一小时）提交书面反馈，并参加两个秘密会议，其中一个会议约持续一小时，另一个持续半小时。

　　这一过程产生了许多意想不到的好处。首先，首席执行官相信反馈意见代表了整个董事会的意见，而不仅仅是领导层。其次，草案审查的讨论为董事会成员提供了极其难得的机会，听取其他同仁对首席执行官表现的详细、坦率的评价。对于大规模的董事会来说，很多工作都由委员会完成，所以这种公开的讨论尤为重要。相对于一个给定委员会的视角，就职于委员会的人与委员会以外的人对于首席执行官表现的评价可能出现天壤之别。这种讨论能达成董事会整体的一致意见。再次，首席执行官的奖金及薪酬调整掌握在每一位董事会成员，而不是董事会的小组委员会的手中。这种共识主导的确定首席执行官薪酬的方法在具一定规模的非营利性组织中似乎特别重要，因为在这些组织中首席执行官的薪酬必定高于许多其他的非营利性组织，而且其高管的薪酬也是公开的。最后，所有董事会成员都参与制定首席执行官来年的目的及目标，并因此熟识彼此。

　　现在，一些董事会成员将这个过程根据实际情形适当调整后，引入到他们所供职的其他非营利性组织中，并且获得了同样的成功。

第4章 评价和更换首席执行官

　　每年评价首席执行官或总裁的业绩以确定适当的薪酬是非常重要的工作，与其同样重要的，甚至更为重要的就是董事会了解何时更换首席执行官及何时采取行动。

决定何时需要新领导的职责

　　以斯拉·齐卡哈，一位曾担任无数营利性及非营利性组织（包括露华浓、卫斯理大学和布鲁金斯学会）的董事及受托人的智者，简明扼要地说："受托人/董事的主要工作就是确保正确的管理，如不正确就应更正。"这种直截了当的告诫并不是什么新鲜事，但是在两种类型的组织中董事会认真对待及采取行动的意愿明显强于前安然时期。

　　根据彭博社的调查，每6个小时就有一位首席执行官离任。据说，美国公司在2006年解雇或损失1 400位首席执行官，该数目在2005年为1 322，2004年为663。《华尔街日报》报道，2005年世界范围内约40%的首席执行官在退休年龄即62岁或以上时离任。这个数目有所下降，在1995年为66%。根据博思艾伦密尔顿咨询公司的调查，1/7的世界上最大规模的公司在2005年更换了领导层，而在1995年仅为1/11；另外在2006年约有1/3的首席执行官被迫离开美国公司，而在1995年仅为12%。然而，首席执行官的更换频率现在似乎已经稳定下来，虽然这个频率仍很高。

无法获得非营利性组织中整体的可比数据。2006 年对高等院校的调查表明，校长的平均任期有所延长（从 1986 年的 6.3 年上升至 8.5 年）。但是这个平均任期可能超过实际的任期。本书之后的章节援引了足够的事实证据显示高等院校"高层工作"也相当艰难，原因就在于像对营利性组织领导一样，非营利性组织首席执行官业绩的详细审查也增强了。

编制一份公开讨论的被终止任期/辞职的高管的名单是很容易的事情，但这项工作并不十分有益。在接下来的评注中，我的目的就是看看是否能从最近的终止任期的事件中吸取教训，并为那些不得不决定何时需要新领导层的董事会成员们提供一些参考。

正如上述数据所表明的那样，营利性组织董事会评判首席执行官领导能力的意愿方面出现了突发性的彻底转变。早前董事们寻找其他途径并希望情况改善的倾向显然失宠。来自监管机构和法院、日益积极的机构投资者及内部成员的压力无疑改变了关于董事会应该准备做什么的设想。此外，如今董事会成员拥有更大的独立性。这种独立性源于独立的提名委员会在挑选董事方面发挥的更大作用及在挑选首席执行官方面发挥的更小作用（详见第 5 章和第 6 章），并有助于减少首席执行官精选的"朋友"忽略缺陷及阻止正确行动方面的可能性。

根据新闻报道，对那些导致营利性组织中任期终止/辞职的因素的检讨发现，许多董事会不得不处理的问题可以分为五大类：

（1）腐败/账目问题。在某些情况下，"监管机构"要求辞职是合情的（还可能也是合法的），一般是因为有问题的会计账目或违背广泛接受的准则，甚至发生在虽然首席执行官没有亲自参与，也并无非法错误行为的时候。弗兰克·雷恩斯（Frank

Raines）的辞职就是一个例子。AIG 的汉克·格林伯格（Hank Greenberg）在与监管者即西门子的首席执行官克劳斯·柯菲德（Klaus Kleinfeld）发生争议后离任。而克劳斯·柯菲德作为"动摇了德国企业界的扩大化腐败丑闻中最新的牺牲品"，于2007年离任。

（2）个人问题。有时个人健康问题如酒精中毒等需要董事会采取行动，即使（正如我所知道的至少一件高姿态事件中发生的那样）董事会宁愿没有看到其他人的显而易见的问题，并且长时间的视而不见。

（3）在愿景及业绩底线方面的差异。在战略方向及业绩底线问题上的争议导致了一些首席执行官被终止任期/辞职。据很多人说惠普公司的卡莉·菲奥莉娜（Carly Fiorina）就是属于这种情形。凯维·里克（Kai-Uwe Ricke）"在股价不佳及投资者不满意引起的日益巨大的压力下"辞去了德国电信首席执行官的职务。福特汽车公司首席执行官比尔·福特（Bill Ford）辞职（但仍担任董事长），因而一位外人，波音公司的艾伦·穆拉利（Alan Mulally）得以进入福特汽车公司担任首席执行官，领导重组工作。美林证券公司的斯坦·奥尼尔（Stan O'Neal）及花旗银行的查尔斯·"查克"·普林斯（Charles "Chuck" Prince）由于次级抵押贷款恶化引起的大笔账面价值的削减问题而离任。

（4）薪酬。任期终止还源于对高管薪酬的争议，包括的行为证据如追溯期权、滥用额外津贴及被批评的养老金等。除了第3章所举的关于联合保健集团威廉·麦圭尔免职案例及辉瑞董事会弹劾汉克·麦金内尔的案例外，马萨诸塞州互惠人寿保险公司的罗伯特·J. 奥康内尔（Robert J. O'Connell）由于所谓的费用账户误差、滥用公司飞机及与员工关系不当而被董事会解雇。

（5）是否合适的问题。一个更宽泛的问题就是"合适"，即首席执行官的特质尤其是管理风格与该组织要求首席执行官承担职责之间的匹配（或不匹配）。不匹配的后果会产生较多的士气问题，菲利普·帕塞尔作为摩根士丹利首席执行官的例子很好地解释了这个后果。在驳回对帕塞尔管理风格问题的抱怨后，包括相当长一段时间内缺乏共享权力的问题，摩根士丹利的董事会最终承认不再支持对"人才流失的担忧"的想法。因为"部队处于混乱状态"，董事会最终的结论是管理层应为公司缺乏凝聚力负责。

在感知层面，《纽约时报》的乔·诺塞拉（Joe Nocera）认为这种情况反映了企业文化中更广泛的变化，从首席执行官的强硬领导模式变为强调开放性，帮助同事找到自信并成为他人愿意共事的人，摩根士丹利已故前董事长理查德·费希尔（Richard Fisher）就是一个典型的范例。帕塞尔的董事会被认为主要由自己人组成，但即便"自己人组成的董事会"也对他怨声载道。

在非营利性组织中，任期终止或辞职的典型例子几乎都属于上述营利性组织中讨论过的同种类型。当然，合适性的问题在高等院校中最广泛讨论的案例中显得非常突出：由于与教职员工的长期争议，艺术与科学学院的非信任投票，哈佛大学校长拉里·萨默斯（Larry Summers）辞职。直到今天，没有任何人怀疑萨默斯的能力，而且许多人，包括一些批评他的人，都承认他对哈佛战略方向的想法是经过深思熟虑的。然而，哈佛受托人委员会越来越清楚地认识到萨默斯完全无法与众多哈佛教职员工融洽合作，无法有效地发挥领导作用。

在我看来，这并非一些人所主张的意识形态领域的分歧或学术自由方面的争议。相反，这是萨默斯与才华横溢、想法众多的同事针对教育问题进行有建设性合作的工作能力问题。几乎在所有的学术机构中，校长若想获得成功，高度合作与达成共识的能力是很重要的。而在其他类型的机构中，这些特质都不如纯粹的智慧及决断力那么重要，这也是我认为萨默斯事件主要归因于合适性问题的原因。

拉里·斯莫尔在史密森尼学会秘书岗位的任职问题同样也属于不匹配的问题。在董事会编制的独立审查委员会的报告中说道："斯莫尔先生不适合秘书这个职位。"该报告中还提及斯莫尔的"态度和性格不适合从事公共服务，也不适合高度依赖联邦政府支持的机构"。该报告特别批评了斯莫尔"希望个人收入最大化，并让史密森尼学会支付其个人费用开支"。

加劳德特大学是美国领先的聋人大学，其董事会面临着一个稍显不同的问题。该校的学生、教职人员及校友都反对教务长简·费尔南德斯（Jane Fernandez）当选校长。他们发动的抗议活动如此激烈，以致迫使该大学暂时关闭。虽然对费尔南德斯的反对一如既往有着很多原因（包括对其个性及管理风格的抱怨，有些批评者甚至因此认为她"呆板"），但是最根本的问题是费尔南德斯是否"足够聋"。鉴于听人（译者注：美国聋人将正常人称为"听人"）优于聋人的假设，她是否会大力反对听觉主义（译者注：美国聋人对聋人社会有着自己的定义，而正常人对聋人社会的不同看法被聋人称为"听觉主义"），并引导聋人团体重新认识加劳德特大学的作用呢？

总之，一些至少部分属于意识形态的深层次问题结合其他的考虑，使得受托人委员会得出结论认为他们别无选择，只得终止费尔南德斯的任期。这种争论再次说明了大学校长必须得到来自教职人员和学术界的支持，才能有效地发挥领导作用。董事会需要支持他们自己挑选的校长（正如哈佛大学和加劳德特大学董事会在相当长的一段时间所做的那样），但是仅有董事会的支持并不能保证校长发挥有效作用或保住校长职位。

相比闭校来说，一个不太戏剧化但更常见的现象就是仅仅是由于对校长领导能力的日益不满，而使得校长的任期终止或辞职。威廉·E. 库珀（William E. Cooper）在合同到期前一年辞去里士满大学校长的职务，媒体将其作出这个决定的原因归结为对其领导风格的抱怨。而最初的导火线就是库珀的一个不明智的评论，如果里士满大学想要"将聪明人造就成成大器者，而不是保持平庸者的平庸"，那么这所大学需要招收更好的生源。"保持平庸者的平庸"成为恶意诽谤库珀的人们的战斗口号。但在这种情况下，面对劈头盖脸的批判，校长自行选择辞职，公正地要求董事会更积极处理日益恶化的局势。

非营利性组织中的其他一些终止任期的事件可直接归因于薪酬和额外津贴方面的争议，这点和营利性组织中类似（当然，非营利性组织中不会出现追溯期权的事件！）盖蒂信托基金的例子已经在上文提及，美国大学校长本杰明·拉德纳的离职就是其指示美国大学支付其个人及其他费用的直接后果。

在高等院校中一个特殊的终止任期的原因就是与运动项目相关的困境。美国科罗拉多大学校长伊丽莎白·霍夫曼（Elizabeth Hoffman）的辞职在很大程度上就是因为涉嫌性侵犯的足球丑闻事件。奥本大学这所公立大学就备受与体育运动直接相关的治理问题的困扰，包括受托人委员会成员的微观管理。不能由于足球狂热者的愿望，就撇开良好治理的一般规则。

受托人们还必须考虑悬而未决的高等院校校长的不安，教职员工抱怨对学术标准的退让，而同时校友中的足球狂热者（有时其中还有人是董事会成员）要求越来越好的输赢记录。宾夕法尼亚州立大学校长格雷厄姆·斯帕尼尔（Graham Spanier）在一次剑拔弩张的讨论中挖苦地说，那些与教职人员中的批评家及支持体育运动的校友不同的校长们会被解雇。

我知道斯帕尼尔校长会同意不设定校长的任期，甚或任何领导职位的可能任期。但是高等院校中校长任命的正式手续中已出现一个重要转变。如今，雇佣合同预计而且几乎是被要求与营利性组织中的合同一样。我在担任大学校长期间，仅需握手就可以了，根本就不需雇佣合同。我至今还清楚地记得当我当选普林斯顿大学校长后，《纽约时报》记者问我薪酬水平时，我一脸茫然地说我不知道，但是我确信受托人们肯定一如既往的公平。

信托模式可以对此作出解释，但我略有不甘地得出结论认为每个人的利益至少应有一套涉及薪酬及其他事宜尤其是终止雇佣合同的书面协商文字而得到最佳保障。因为在营利性及非营利性组织中终止任期已较为常见，个人及董事会对已作出承诺的理解非常重要，以便有助于他们遵守这些承诺。必须履行合同规定的恐惧使得董事会不愿意解雇校长，而没有这些规定的话可能导致无尽无休的争议。当然，许多离职都是完全友好地达成意见的，显然精心起草的雇佣合同帮助罗伯特·盖茨（Robert Gates）在2006年年底从德克萨斯农工大学校长的职位顺利跳到国防部长的职位。离职的组织领导对他们的身份及退休后享有权力的理解也很重要。

进行谨慎评估的作用

上述讨论中一些终止任期事例中引人注意的特征提醒我们，一些事件有时会超越正常进程，并且董事会不得不准备根据事情发展的需要，迅速采取行动。但是，越来越多的人认为认真坚持精心设计、充分理解的评估过程是非常可取的。一个有效流程的细节当然也根据具体情形的不同而不同，而且目前有很多指南及手册可供使用，另外许多咨询公司也能提供服务。我在这里能做的就是作一般性原则的建议。

第一，对首席执行官进行评价的目的应该不止简单评估先前制定的目标和指标是否达成以及合适的年薪。深入的评价（在非营利性组织中，进行深入评价也许需要3～5年的周期，另外还要进行年度薪酬评估）应有清晰的模式。总裁及首席执行官能极大地受益于坦率的反馈，因为他们能根据反馈意见，确定需要改进的领域。

第二，那些执行评价工作的人应该在保密的基础上，与高级管理人员/工作人员、主要顾客或客户（基金会中的受助者）及同行业或领域中的同仁密切咨商。简单地认为董事会成员就能了解他人所想是个巨大的错误。

第三，整个董事会，而不仅是薪酬委员会或提名委员会，应参与审查过去的业绩及规定长短期目标。董事会成员应交换意见并讨论对所学知识的不同解释。

第四，和营利性组织中底线业绩一样重要的是，这些底线业绩不应成为唯一的评价侧重点，而是应该评判取得的业绩以及如何取得的业绩。公司业务的基本面是否变得更好？员工士气如何？不同的工作人员是否都对工作环境满意？首席执行官是否能很好地开发组织中的其他领导人？高层的道德观念是怎样的？高管是否不仅成功地强化了组织的诚信声誉，而且获得出色的业绩？

过去，一些非营利性组织一直不愿意正式审查总裁/执行董事的业绩，也许是觉得这样一个过程是没有必要的（"我们已经知道'薪酬比自己高的人'如何在做"）或者觉得这样实际上伤害了董事会与总裁或执行董事之间那种各相关方都期盼的和谐关系。萨班斯—奥克斯利法案有效地改变了这些假设。普林斯顿大学董事会审查了治理的实际做法，这在某种程度上是由于 SOX 法案的激励，但却突出了系统评价总裁工作方式对总裁及董事会的价值。20 世纪 70 年代和 80 年代，我就任普林斯顿大学校长的时候，并不存在这样的过程，不过我确信这种过程对我应是有益的。如果方法得当且定量与定性的测量能保持适当的平衡，那么这种审查就能加强而不是削弱总裁与董事会的关系。太多的非正式性可能对事情进展产生错误的印象，并不能对总裁工作中需要改进的地方提供足够的指导。

然而，进行审查的方法将存在加剧而不是减缓紧张和压力的危险。由于教职员工对其领导的明显不满，南希·戴依（Nancy Dye）在 2006 年 9 月宣布她将辞掉欧柏林大学校长的职位，尽管其就任十年来的工作被誉为非常成功。关于对其最终业绩审查的争议主要集中在谁可以得到由外部顾问作出的详细调查结果上，这个争论对当时情形也并没有帮助。这种审查的基本规则必须明确，并在过程伊始就得到充分理解，这一点非常重要。

仔细评估的结果不必是在以下两者之间作出选择：重申董事会对高管的支持或决定立即更换领导层。一项评估可能告知董事会现任者预期的就职期限及在必要的时候，需要采用哪种搜寻过程选择合适的继任者。一项周密设计的评价应与继任规划及良好的搜寻过程直接地联系在一起。

合适的约束范围：在两种类型的组织中不同吗？

董事会越来越热衷于终止表现令人失望的首席执行官的任期，这种情形最终导致了时间期限的问题。曾经对期望首席执行官以多快的速度实现业务好转或修正错误进行过积极的讨论，合适的时间框架当然根据实际情况而不同。要达成适度的耐心需要高度的判断力及敏锐感受有无进展信号的能力。营利性组织的董事会应该采用长期的业绩观点而不是像许多人现在在做的一样，一些首席执行官和他们的董事会极度关注季度的环比业绩。但至少有一位颇受尊敬的专栏作家曾经撰文为"短视行为"辩护。同样，《华尔街日报》的艾伦·穆雷（Alan Murray）在一篇题为《被困扰的首席执行官受到的约束较少》的文章中写到："根据以往的经验，我们得知受约束多的首席执行官容易惹上麻烦。而受约束较少的首席执行官的体验才刚刚开始。"

　　无论在营利性组织中的正确答案是哪一种，总有有力的观点反对同样的准则应适用于非营利性组织中的假设，尤其是教育机构中。对高等院校永久性质的假设表明需要着眼于较长的投资期，而受托人的关键作用就是确保一时的压力不会导致作出对未来前景有害的决定。对待捐赠收入的态度就是说明这种主张的一个例子。如果总回报高的话，总裁或首席财务官就总想着拨出相当数额的收入用于活动经费预算。这是一种短视且危险的政策。当收入减少——这几乎是肯定会发生的，就很难将支出降到合适的程度。通常基于一种消费方式的四平八稳的方法就是一种能确保高等院校健康发展的更好方法。

　　高校中非常成功的校长有时在其就职后期比在前期获得更多的成就。当然，马里兰大学巴尔的摩县分校（UMBC）的弗里曼·拉波瓦斯基（Freeman Hrabowski）在提高该校的学术水平及声誉方面的成功很好地说明了，如果任期相当长的话，一位对其所在组织及价值观作出承诺的优秀领导能取得的成就大小。同时，也有很多能力出众的领导没能理解在仍只有一些小成就时离职的重要性。

　　对于许多非营利性组织应采取长任期的正确认识可能导致自满及不愿处理紧迫问题。根据我的经验，非营利性组织往往在领导问题上反应迟钝，对于高管的平庸表现太有耐心。该问题的主要根源就是非营利性组织中衡量成功大小的难度。市场导向，虽然几乎无所不在（例如，捐款和出席的趋势），但还不如公司股价大幅下降那么清晰。无论如何，许多非营利性组织董事会的这种"忍耐"态度可能会有所改变，也许大大改变，至少部分源于精力充沛的企业家越来越多参与受托人委员会。

　　当然，非营利性组织的任期取决于组织类型。例如，服务提供型组织没有提供服务就应立即承担责任。然而，这里德里克·博克提醒我注意的一个难题就是，如果你就职于某勉强糊口的非营利性组织董事会，你对执行董事的评价会受到所掌握信息的限制，如果你设法寻求新的领导人，这个过程至少需要6个月，然后所选人士还需另外6个月的适应时间，到那时该组织可能已经倒闭。因此，得过且过的诱惑是极大的。

我过去认为非营利性组织中的业务人员往往不能坚守同样的纪律，担心日常工作将他们的生活限定在底线。我常常认为，他们加入董事会就是"享受底线之外的假期。"20世纪90年代早期到中期，这个说法可能有其准确性，但我怀疑如今是否仍然正确。事实上，事态可能向另一个方向偏离很远，在任期内，受托人们没能认识到其中的差异，也没有考虑到经济衰退的突然后果。

西密歇根大学校长朱迪·贝利（Judith Bailey）被解雇的事件被引用证明了将教育机构作为"商业机构"来对待的这种倾向。2005年12月，西密歇根大学董事会很满意贝利的工作，因此提高了她的薪酬和奖金，并将其合同从2008年延至2009年。2006年3月，当贝利由于削减成本而引起教职员工不满的时候，西密歇根大学董事长詹姆斯·P. 霍顿（James P. Holden）（戴姆勒克莱斯勒前首席执行官）重申了对她的支持。5个月后，在12月的正常评估之前，董事长通知贝利8位董事会成员中有5位投票决定解雇她。

我不了解这种情形的具体细节，但我赞同雷蒙·科顿（Raymond Cotton）的观点。雷蒙·科顿是华盛顿一名律师，擅长于校长合约及薪酬方面的工作。他认为高等院校中突然终止任期的事件可能造成比许多董事会可能意识到的更严重后果。科顿强调高等院校校长被预期依靠个人的关系，从政府和个人捐助者处募集资金可能需要数年的开发。此外，这些机构的共享权力的特征意味着高层的突变可能会使整个组织中的工作人员产生动荡。而且，校长的突然离职加大了找到合适校长人选的难度。关于董事会如何处理这种情形，科顿提出一些建议方法。他的指导原则包括适当的审查、不作公开宣告直至离职安排处理完毕、谨慎对待离职校长所提要求及任命过渡委员会都是明智的参考意见。

我的结论就是大多数非营利性组织中的这种约束比一些营利性组织应至少稍多一些。董事会更换领导的行为应取决于，甚至在很大程度上取决于董事会所在组织的特征、文化及投资期。

制定退休期限

退休期限是否有帮助，以及是否应在某一特定年龄强制退休的问题引出了本书下一章的讨论主题即管理继任的问题，这两个问题虽然不同，但却有着相关性。对于营利性组织，英国媒体大量报道了这一问题，公开宣布英国石油公司首席执行官约翰·布朗勋爵（John Browne）将于 2008 年底退休，约翰·布朗于当年 2 月就达到了公司的强制退休年龄 60 岁。正如人们所预期的，鉴于布朗勋爵的成就，一些评论家最初谴责这一政策。也有人对公司坚持既定的退休期限拍手称赞，认为这样排除了某些方面的不确定性。

问题的关键就是董事会不能让当前的首席执行官或总裁来控制自己的退休时间及选择继任者。这可能是一个非常敏感的问题，因为董事会不愿意迫使表现出色的高管有提前退休的感觉。寻找卓越领导人是如此的困难，然而，董事会却会不恰当地让优秀的内部候选人被引诱离开，因为这些候选人觉得自己需要等待很长时间才能领导公司。此外，正如美国德普律师事务所的芭芭拉·罗宾逊所强调的那样，任期过长也会引发另一个问题，即阻止组织学习如何应对变化及产生一切都在顺利进展的假想。

先后于供职纳比斯科和 IBM 的路易斯·郭士纳（Louis

Gerstner) 在之前离开美国运通就是一个典型的例子，虽然他在美国运通有确定的继任权。美国运通董事会从他的离开中吸取了教训，当其另一位成就卓越的首席执行官肯·谢诺尔特（Ken Chenault）希望跻身第二领导职位时，董事会毫不犹豫地与当时的首席执行官哈维·格鲁伯（Harvey Golub）合作，为其合理地安排了退休事宜。格鲁伯作为首席执行官的业绩是非常优秀的，并毫无疑问能继续出色的工作多年，但如果由于与格鲁伯任期时间这个相对较小的差异，董事会就允许谢诺尔特去寻找任何其他机会，那就太傻了。作为美国运通首席执行官，谢诺尔特后来的表现无疑证明了董事会在关键时刻的判断，格鲁伯和美国运通董事会值得称赞，因为他们了解未来就是现在。

对于退休这个普通的问题，尤其是强制性退休，我将在第 7 章董事和受托人的任期中进一步讨论。在这里，我只想说董事会在确定退休期限时，最好能够履行继任规划及新领导者招聘的双重任务。不用说，在某些情况下，董事会希望首席执行官任期能比其自身希望地更长，因此这并不全是关于如何缩短任期的讨论。那些非常关注组织的首席执行官们可通过平稳的过渡为组织作出重要的贡献。中心点就是，在决定任期长短及何时让位时，应该首先考虑组织的需要。

第5章 首席执行官的过渡

关于继任规划的资料及媒体对成败报道的对比揭示了一个有趣的差异。每个人都在理论上赞同，营利性及非营利性组织董事会的首要职责就是在时机来临时确定并招聘优秀的首席执行官或总裁。一位评论员修改了一句经常使用的房地产谚语来说明这一点，如他所说，董事会三个最重要的工作就是"选择合适的首席执行官、选择合适的首席执行官、选择合适的首席执行官"。同时，大量组织都没有制定继任规划程序，董事会也承认他们对此方面的工作最不满意。

2006年普华永道调查了略少于一半的公司董事，他们都对所在公司的继任规划感到满意；20%的董事报告说他们公司没有继任规划。2006年斯宾塞—斯图亚特板指数指出："在一份令人震惊的调查中，接受调查的31%的董事会表示他们并没有一个紧急的继任规划。"拉姆·查兰（Ram Charan）坦率地说："首席执行官继任程序在北美被中断。根据美国企业董事联合会（the National Association of Corporate Directors）的调查，将近一半收入超过5亿美元的公司并无有意义的首席执行官继任规划，甚至那些制定了继任规划的公司对此规划也不满意。"2007年秋季，美林证券公司和花旗集团继任规划的缺乏说明了这一问题的严重性。

尽管缺少可比数据，但仍可以有把握地说，继任规划问题在非营利性组织中更为严重。非营利性组织不太可能系统地考虑继任规划，除非他们需要新的领导者。在某种层面上很容易理解为什么出现这种情况。这些组织并无森严的等级制度，也不可能进行内部提拔。确定并吸引外部领导力量对于营利性组织及非营利性组织一样重要，但是非营利性组织的下一任总裁或首席执行官往往来自组织外部。例如，在高等教育机构，80%的校长选自机构以外的人才。

非营利性组织的董事会往往需要花费大量的时间筛选新总裁或首席执行官。传统上，履行这一职责一直是一种短暂的活动，没有采用共同的规范化的继任规划。鉴于非营利性组织董事会希望终止其领导者任期的强烈意愿，这种想法可能会改变，至少发生某种程度上的改变。很显然在非营利性组织中，在加强领导阶层的建设方面的确需要作出一种决定。

在企业中，一个显而易见的问题就是，什么原因导致有效继任规划的公认必要性与执行机制的缺乏之间的怪异分裂？对于这个问题，基本上有两种解释。首先，董事会可能并不希望因为提出继任规划的问题，造成紧张的局面或搅乱在任的首席执行官，因而没有这样做的明显必要。其次，组织和管理一个有效的过程只是简单的努力工作。一些董事会借口他们需要集中精力应对顺应性和萨班斯—奥克斯利法案问题的巨大压力，因此无暇顾及继任规划的工作。但是我觉得这非常没有说服力。

在我更深入地讨论继任问题之前，我想分享一个并不是基于统计数据的发现，而是基于我自身在营利性及非营利性组织中任职的经验。我发现，遴选委员会几乎总是相信他们将会较轻松地找到大批非常合格的候选人，但实际并非如此。在参与为史密森尼学会、丹尼森大学、普林斯顿大学、美国教师退休基金会及最近为默克公司遴选新领导者的过程中，我对董事会成员在任务伊始时的过度乐观困惑不已。在任务接近尾声的时候，几乎所有人都冷静地认识到："是呀，我们很幸运地找到了一个合适的人选。注意，仅仅是一个合适的人选。"此外，正如急剧增加的新任首席执行官/总裁任期被终止的事件所表明的那样，"唯一的合适人选"并不总是真正合适这个职位的人选。

改善继任规划程序

鉴于对现在继任规划程序的广泛不满，可以做些什么来进行改善呢？首先，董事会必须承认他们没有处理这个问题。在两种类型的组织中，且尤其是在非营利性组织中，通过简单的人员统计就会发现即将到来的危机。非营利性组织中对新领导的需求远远超过预计增加的候选人。没有看到缺乏领导的潜在趋势是董事会的失职。在营利性组织中，同样的人员统计发现，生育高峰期出生的人都即将退休，对新领导的需求正日益加强。

一个合理的反应就是修整董事会的结构，将工作重心放在继任规划上。摩根士丹利已经修改了其薪酬委员会的章程，包括管理发展和继任规划的责任。该委员会已改名为薪酬、管理发展和继任委员会。这是一个健康的变化，只要每个人都了解整个董事会，而不只是一个委员会，需要侧重于管理发展和继任规划。

当然谁也不会相信仅仅靠更改委员会的名字就能解决问题。公司必须更加努力发现大量内部候选人，为他们提供成长进步的机会并监督进展情况。对于营利性公司的董事会来说，至少一年一次审查"候选人员的素质"及在各个职责范围内询问谁最具领导潜能、谁目前愿意担任新的职责及谁需要分配不同类型的任务，这些都变得越来越普遍。个人经过深思熟虑从一个角色转换到另外一个角色帮助了他们自身获得了发展，同时也为董事会提供了更多关于年轻高管的信息。公司还必须承担适度的风险以培养训练新的领导人，给予个人犯错误的机会。

各领域专业化增强使得人们有意识地注意提供更重要的广泛经验。正如摩根士丹利已故董事长理查德·费希尔所说的那样，很多有能力的人在很长时间里都被"关在小盒子"中，其中一些人永远没有机会在更大的舞台上挑战自己。除了形成精心设计的、不断注入新的领导班子以确定组织位置的发展过程外，董事会还必须制定应急管理继任规划，这样在面对灾难事件时才不会出其不意地被击倒，甚至发生首席执行官猝死的惨况。

招募新领导：工作规范

当必须从对继任规划的考虑转移到开展搜寻过程时，董事会必须了解涉及其中的事项、他们应有的期待、如何管理搜寻过程以及他们所搜寻的新的领导人所具备的特征。

开展搜寻过程首先应在董事会内部全面讨论这项工作。在这个关键时刻，最需要什么样的技能、什么样的经验能被证明特别有价值及最看重什么样的个人品质？决定最终工作规范需要精准的平衡。事先太过含糊注定造成后期的麻烦，但同时高度具体的规划也是危险的。如果董事会在制定规范时要求太高，可能未来的候选人难以达到设定的标准。坚持变革型领导并不总是现实的。

在非营利性组织中，对于董事会来说，在开展全面搜寻之前深入思考关键机构问题同样重要。可以非正式地（但不是随便地）进行这种反复的思考，一部分原因是，按照我以前同事的话说，如果"该机构了解自身并准备好接受领导"，那么重新招聘新的领导人将更容易。人们倾向于认为继任问题关乎个人而不是机构的问题。其实继任问题关乎这两个方面。事实上，搜寻过程使得非营利性组织董事会频繁地重新检查他们正在做的事情，这点很令人惊讶。如果董事会设想在高管人员过渡期间从根本上改变使命（这种现象在非营利性组织中比在商业公司中更为常见），那么董事会应解决任何方向上的分歧，以免因不明确而混淆潜在的候选人。可以肯定的是，学习未来候选人的想法和观点是有好处的，但最好是受托人们在寻找新的领导者时相当清楚他们自身的优先次序，否则将会极大地浪费时间并误导优秀人才。

搜寻过程

　　每一个搜寻过程都是独特的，但某些准则值得考虑。

　　• 需要一个董事会委员会指导搜寻过程，这个董事会委员会的规模足够小以便有效运作，并保证所有共同承担选择新领导人最终职责的董事会成员知晓搜寻进展。顺利开展搜寻工作要求董事会成立高效的执行机构，而大量人员的参与使得会议安排及管理过程过分复杂化。承担指导搜寻工作的董事会成员必须准备为这个任务投入必要的时间和精力，但实际情形并没有以任何方式减轻遴选委员会定期有效地与董事会其他成员沟通的职责。到最后，选举新领导人的决定是所有董事会成员都对其负责的集体合议结果。

　　• 开展搜寻过程时，应给予足够时间作出深思熟虑的决定，但要确保遴选委员会行动迅速。浪费时间可能会错过有希望的候选人。但是迫于时间压力进行的搜寻工作有误入歧途的实际风险。有条不紊的过程非常重要，需要充裕的时间审查内外部候选人，广泛协商，谨慎处理。但是，一旦展开搜寻，应该保证这一过程不断前进。

　　每个组织中顶尖人才的竞争都日趋激烈，董事会必须认识到市场现实情况的限制。猎头公司专业人员和其他人士证明非营利性组织和营利性组织一样。用高等教育大事记故事中的话来说就是，"无论喜欢与否，组织中潜在领导人选取决于供求规律……
贵组织是国内市场的一部分，总裁的人选受制于这个市场、组织
的声誉、地位的挑战及领导组织能获得的薪酬水平。"不同的组
织往往同时进行搜寻，但按照一位猎头总裁委员会成员的说法，
"我们似乎都在交谈，但同等学院却抢先面试了我们的目标
人选。"

• 在可能的程度上，委员会应尊重为潜在候选人保密的合
法权益，否则，有希望的潜在候选人可能不同意予以考虑。这在
营利性组织中通常不是什么大问题，但是对非营利性组织来说可
能相当严重。特别是公立大学可能迫于法律或法规进行"公开"
或"开放"的搜寻。私立高等院校会因为学生报纸的过分报道
而遭遇麻烦。这个难题尚无完全解决的办法，因为在某个阶段不
同的支持者有必要进行决策，但涉及其中的人应加倍小心，防止
过早及未经授权披露名单。这样的披露对所有各方都不公平并且
无益处，尤其是当排名靠前且已有其他职位的潜在候选人迫于原
东家压力选择退出的时候。

• 遴选委员会要对合格人选的多寡抱有实际的预期。正如
我在本章开头部分所说的那样，人们普遍认为很容易找到一堆有
希望的人选，即使空缺职位为颇负盛名组织的首席执行官或总裁
的职位。遴选委员会一次又一次地展开搜寻工作，并一次又一次
地深信他们的空缺职位相当诱人，他们肯定能找到五到十位顶尖
候选人。然而，这样美好的梦想几乎从未实现。一味精挑细选的
后果就是委员会如果幸运的话能找到二位或三位（如果更幸运
的话）拔尖的候选人，但通常只有一位似乎真正合适担任这个
职位。当出现这种情况时，可能出于特别的原因，就必须接受现
实并继续前进。猎寻顶尖人才的工作相当具有挑战性，即使只找
到了一位真正优秀的候选人也是可喜可贺的事情，不应自我
责罚。

●　在搜寻过程中，应经常与卸任的首席执行官/总裁协商，但需要绝对明确做决定的职责归于董事会的外部董事。人们希望首席执行官特别机敏地了解继任者领导组织的素质及内部候选人的长处和短处。如果不利用这种知识背景将是极端的愚蠢行为。外部董事不大可能辨识首席执行官以下级别高管在素质及能力方面的席位差别，而首席执行官大概比其他人更了解直接合作同事的长短处，因此首席执行官完全能起到帮助作用，但是董事会依靠首席执行官选择继任者的日子应该结束了。预计在未来，董事会必须履行这一责任。

过于依赖现任首席执行官抑制了独立判断，扼杀了新思维，还可能掩盖了创建新战略方向的必要。正如一位评论员指出，董事会必须提防卸任首席执行官提拔并宣扬的"暗中候选人"。当然，应认识到董事会负责选择新任首席执行官并不能减轻现任首席执行官在组织内培养新一代领带人的职责。在非营利性组织中，董事会寻找新总裁及首席执行官的职责已暂时得到理解。实际上，在此类组织中，更大的危险应该是现任总裁根本不参与搜寻过程。正如一位在非营利性组织董事会中经验丰富的领导者所说的那样："不征求卸任领导人的意见是没有意义的，因为他们最了解该组织最成功领导层的需要。"那么我们就应该与现任总裁/首席执行官密切协商，但从一开始就应明确谁将作出最终决策。

●　在两种类型的组织中，遴选委员会也应密切与高管协商。高等院校的遴选委员会则应与教职员工密切协商。这些协商是非常重要的。首先，因为高层领导团队的成员了解应该予以考虑的组织的需要。其次，如果团队一些成员即使不是首席执行官的主要候选人，但仍是决定组织未来的重要人士，遴选委员会必须向他们保证委员会了解他们的重要性并且在做决定时会认真考虑他们的意见。在默克公司选择新的首席执行官的过程中，这些观点被证明相当重要。遴选委员会成员从我们与高级管理小组每个成员的交谈中获益不少，同时我们也能向管理人员保证我们理解他们对公司的价值。在高等院校中，出于类似的原因，在搜寻新领导人的过程中必须与院系领导层密切联系、相互沟通。

- 当审查候选人名单的时候，"从头开始"的做法是明智的。在很多情况下，遴选委员会似乎感到有义务排列 20 或 30 名候选人，并花大量时间决定谁排在第 14 名及谁排在第 15 名。这种方法对我来说从来都是没有意义的。搜寻新的领导人并不是组建一支足球队，搜寻的目标是确定几位突出的候选人，然后聘请其中最优秀的一位。因为候选人具备不同的背景，应将他们进行分组，比如内部人士和外部人士、科学家和人文主义者（如果是高等院校的话）、经验丰富的领导人和充满希望的年轻人，然后选出每组中最优秀的候选人，最后在各组的最优秀候选人中进行筛选。将遴选委员会的有限时间和精力集中在最优秀候选人身上是非常明智的做法。

- 猎头公司能起到帮助，但是他们的角色需要加以明确界定。董事会普遍认识到，寻找新的首席执行官可能费时不说，还极有可能引发争议。因此，有些人倾向于（特别是在非营利性组织中）授权给猎头公司代为寻找。在我了解的一些情况中，董事会基本上将搜寻过程移交给猎头公司的高管，但并不能期望这些善意的猎头公司高管理解组织及董事会成员的需要。还有一个不可避免的危险就是猎头公司由于缺少指导，可能会在搜寻过程中强加上自己的工作规范及自己中意的候选人。

根据我的经验，猎头公司的作用特别体现在以下方面：（1）创建可能的候选人名单，包括一些非常生疏的名字；（2）管理搜寻过程中的文件及后勤工作。当需要寻找新领导人的组织本身人力资源有限的时候，这个作用非常重要。关于猎头公司是否也应该联系候选人以确定他们的兴趣/可到岗时间的问题，各方众说纷纭。在某些情况下，猎头公司的高管可能在一个有利的位置，便于了解他人是否对这个职位有兴趣。但是我倾向于由董事会成员直接负责此类重要的交谈。往往需要花大量时间和精力说服优秀的候选人参与初步的讨论。在这种情况下，往往最好由遴选委员会成员或董事长亲自致电潜在候选人。

我曾帮助某学院挑选校长候选人，最初由猎头公司代表联系了一位非常有希望的候选人。这位候选人已经在另一机构中担任要职，因此断然拒绝了参与其中。遴选委员会表面接受了这种直白的拒绝。然而，进一步非正式的调查显示该学院的需求与这位候选人的兴趣之间非常吻合。于是一位董事会领导同意亲自致电这位候选人，而其他的候选人，按照他们的话来说，都成为历史。最后这位候选人当选，并且董事会充分相信其当选校长后能取得成功。

• 董事会必须尽职尽责，小心谨慎。在搜寻过程极其重要的环节，董事会不应仅听信某候选人朋友的说法或其他涉及特殊利益的人的说法。需要认真核查参考资料，联系能够提供有用信息的人，尽管这些人可能没有列入参考资料中。因此将这些任务移交猎头公司代劳可能也是非常吸引人的。然而，在搜寻任务进入最后阶段时，董事会成员仍将这些职责委托他人是非常危险的。猎头公司可能无法圆满完成所有需要进行的关键联络工作，而且，出于可以理解的利益关系，猎头公司希望尽快结束搜寻过程。

不幸的是，很难获得公正诚实的参考资料，部分原因在于前上司及同事不会对已经签署离职合同的同事"作出负面评价"，同时也担心自己的评价可能导致法律诉讼的麻烦。离职合同可能会防止高管和董事会成员轻视离职的人，而且为应对咨询要求，离职合同有时也提供了正面的评价。我对此情形表示遗憾，因为这样加大了委任不合适的人的风险。

　　抛开可能惹上官司的问题不说，人们可能只是不愿意对他人作出否定的评价。在一次搜寻活动中，有人告诉我一个我碰巧非常了解的熟人对一位特殊的候选人评价不错。这使我感到非常困惑，因为就我的了解，这位熟人不会对该候选人有这种印象。我致电给介绍人，并收到一份报告，内容完全不同于猎头公司呈递的报告。猎头公司的代表没有准确汇报；相反，介绍人向我解释说，他完全不知道给他打电话的猎头公司或个人，而且说他不乐于与陌生人合作。在其他的搜寻活动中，因为仅通过候选人自己提供的证人来了解候选人过去的业绩，也出现过类似上述的错误。最后，我痛心地发现，之所以作出错误的任命，因为遴选委员会成员已经知道他们想听到的情况，并因此认为没有必要联系能提供极其相关信息的人。

　　搜寻过程即将结束时，必须对候选人在其他情形中的实际表现进行包罗万象、前苏联"克格勃"式的探查。竭尽所能去了解候选人如何应对挫折和压力、有什么确凿证据证明其的创造性火花、候选人如何成功地招聘优秀的同事及激励他人、是否出现过诚信问题以及候选人能够及将会如何努力地工作。探查的目的就是非常细致地掌握候选人的长处和弱点。当然，人无完人，应该理解他人的局限性，并评估这些局限性对目标职位的影响。在某些情况下，遴选委员会的主要成员需要长途跋涉数个小时，以便与潜在人选进行长时间面对面的讨论。而且也没有人抱怨说这完全是浪费时间。

　　• 自己挑选以及让可能的候选人帮助董事会作最后的决定也有其道理。候选人比遴选委员会更了解自己。因此，应该鼓励候选人认真思考并公开他们是否适合某个职位。董事会成员必须认真聆听可能候选人的想法，避免出现过度说服的情况。在为一些关键职位寻找合适人选的过程中，我犯的最糟糕的错误都是由于我误以为我比他人自身更了解他人的想法、知道如何让他或她高兴。强扭的瓜不甜。如果候选人似乎真地不愿意接受提供的职位，我们最好应该感谢他的坦诚并继续寻找新的合适人选。

● 并不是每次搜寻行动都会成功，与其筛选一位平庸的候选人，还不如承认搜寻行动失败。一位评论员曾经这样说过："平庸之才就像罗奇汽车旅馆（Roach Motel）；一旦登记入住就无法再出来。"没有人愿意承认搜寻行动没有达到预期的结果，但实际上这种情形却时有发生。最好寻求一种临时解决办法，而不是一头扎进一条不太可能引导组织到达需要去的地方的道路，即使这意味着说服现任继续留任一段时间或任命代理总裁或临时首席执行官。

候选者的个人/业务能力

下面列举一些审查候选人时我认为值得仔细考虑的因素。

● 满足于完全毋庸置疑的诚信。显然，这种关键品质有时被忽视、误解或低估。20世纪90年代的丑闻和灾祸生动地解释了招聘具致命缺陷的首席执行官或总裁的后果。由于安然高层缺乏诚信及谦逊，最终导致其破产。这也是其难以避免的结局。如果安然董事会有一个过失，那就是没有看到其高层管理中的主要缺陷。如果有理由怀疑组织领导者的诚信问题，那么就有充分的理由质疑该组织的发展前景。

赫伯特·"帕格"·威诺克基于其在安然董事会的经验提出一个具有挑战性的问题，即董事会实际上如何判断诚信，及如何在事前像过去那样进行判断。我怀疑是否有一个浅显的答案。最明显的就是极其谨慎地检查个人背景，以及向了解此人过去（可能是在一定的压力下）业绩的人取证。正如我的老同事尼尔·陆登庭（Neil Rudenstine）所说的那样，没有什么能代替长时间的亲自交流沟通，因为当面交流能观察身体语言，并至少在一定程度上遵从一个人的直觉。在任何情况下，出发点就是认清问题的核心，谨慎观察行动，要求充分报道业务过程及决定并随时询问棘手的问题。

诚信问题还有一个积极的一面。作为默克公司董事，我异常欣慰地得知公司继任的各位首席执行官/董事长约翰·霍兰（John Horan）、罗伊·瓦格洛斯（Roy Vagelos）、雷·吉尔马丁及现任的迪克·克拉克都是相当诚实的人。临床试验的数据显示，由于长期使用止痛药 VIOXX 导致心血管疾病风险日益加剧，当时的首席执行官雷·吉尔马丁向默克公司科学家及其他人士下达明确指令："采取适合病人的行动。"这种药物被自愿撤离。美国德普律师事务所法官约翰·马丁（John Martin）及其同事在随后作出的关于 VIOXX 开发及营销的独立报道中详尽地证实了高管绝对诚实的做法。吉尔马丁先生及其同事是否欢迎这些数据产生不同的结果？答案当然是肯定的。但是不管什么结果，他们进行的临床试验都产生了他们要产生的结果。

• 避免过分强调魅力和感召力。谨慎的调查有效地防止了过分受到面试技巧的影响。有时，董事会成员被候选人深深吸引，带着对候选人推断的"假想"，在缺乏确凿证据可以证明该候选人能胜任工作的情况下，坚持主张选择该候选人。没有人比拉里·博西迪更了解这一点，因为他曾对选择"实干家"的重要性作了如下说明：

董事会、首席执行官及高管往往被他们面试的候选人的教育背景及智力所迷惑。他们都没有询问最重要的问题：此人有多擅长于这份工作？根据我的经验，无论如何，夸夸其谈者和实干家都没有多大关联，但往往第二种人遭到忽视。如果你希望建立一个执行纪律良好的公司，你必须选择实干家。

而另一方面，正如博西迪的声明所暗示的，遴选委员会可能无视沉默不语并因此看来不够出色的优秀候选人，或者那些缺少良好公共形象的人。美国最杰出的教育领导人之一，耶鲁大学校长理查德·莱文（Richard Levin）就是典型的例子。在挑选过程中，耶鲁大学遴选委员会已确信当时 46 岁的耶鲁研究所主任莱文将是一名优秀的领导者。莱文也因其聪明才智及人际交往技能而享誉耶鲁。尽管在挑选过程中，莱文并不为公众详知，但委员会仍认为莱文借助其成就就能获得委员会认为校长所应具备的国家形象。委员会及耶鲁大学董事会最后作出了明智的选择。

● 不要过分集中于修正最后的错误。当搜寻过程碰到这样那样的困难后，自然会集中精力避免再次发生同样的错误。这是可以理解的甚至是合适的。我清楚地记起我在试图修正第一个错误及又一个错误时（我必须承认，是在任命体育教练时）的失误。我最终意识到（尽管稍微晚了点）我们必须寻找一个具有所有必备素质的人，而不是寻找一个能弥补前任领导局限性的人。

● 从各方面考虑强有力的候选人，并仔细查看少数候选人及女性候选人。不应敷衍塞责，因为这样的态度既傲慢又自降了身份。应绝对没有支持"传统"候选人的推测。同时，将不在范围之内的女性候选人及少数候选人提交委员会讨论对搜寻过程不利，也污蔑了参与挑选的候选人。没有哪位候选人只是象征性地参与挑选过程，这样的话就只有部分人认为这个过程是合法的。在资历评估环节及与潜在候选人的交谈中，应保持坦率诚实。

● 在对内部人员及外部人员分类时应避免公式化。解决内外部人员争论的唯一方法就是逐个应对。在大型公司中，自然的期望就是观察内部的优秀人员能否成为下一任首席执行官。好处是显而易见的：其他管理人员及董事会更了解内部人员，降低了犯大错的风险，包括未能察觉的性格缺陷。此外，和有时候的坚定相反的是，内部人员可能实际上有更好的机会进行改革，因为合适的内部人员能得到主要同事的支持。

在为默克公司寻找新的首席执行官时，我们相当重视外部候选人，因为我们认为整个制药行业需要进行重大变革，而外部人员的全新视角非常重要。经过审慎考虑一些外部候选人之后，似乎没什么人完全合适，我们又将目光投向内部人员，并选择了默克公司制造部门的总裁理查德·克拉克。理查德·克拉克曾担任梅德科分公司（Medco）（领先的药物收益管理部门）首席执行官。

克拉克曾取得辉煌的成就，他领导了公司组织结构及业务模式的重大变化，这对于外部人员来说是相当困难的。我和遴选委员会的同事曾经问过我们自己，为什么需要花这么长的时间作出明智的选择呢？答案并不完全清楚，但至少我们（及克拉克，在当选首席执行官之后）对于自己对所有的选择都做过考虑而感到满意。

在非营利性组织中，委任外部人员的倾向比在大型营利性组织中的情形更明显，因为非营利性组织中不太可能有大量的合适人才。例如，在高等院校中，学科界限加大了有希望的人才从一个领域换到另一个领域的难度。试想，将一个法律院系的主任换到医学院系主任的职位上，与将负责国际证券的人换到首席财务官的职位上，两者的难度能一样吗？答案当然是否定的。这一现实必须承认，虽然我认为一般的非营利性组织，包括高等院校，应反复考虑他们召集大量内部候选人所采取的步骤。

任命外部人员存在一个固有的严重风险，特别是在学院和大学。这个风险就是如果形势恶化（这种情形无疑在某个节骨眼发生），必须原谅新任总裁的至少某些错误。更有可能的情形就是，为组织奉献了大半辈子的人能控制个人对组织的忠诚度及感情，而这些是组织渡过灾难所必需的。在越南战争的紧张时期，我亲历了一件对组织及个人都有利的具体事例。在这个例子中，某文科院校校长为学院外部人士，无力得到原谅。相反，在被选为教务长及校长之前，我有幸担任普林斯顿大学教员多年，交到了很多能在困难时期帮助我的朋友，那时他们不得不原谅了我的很多错误。

● 已确定的想法很难改变，在个人的用词习惯及机构的需要之间找到合适的匹配是很重要的。在考虑任命一位在一个完全不同的组织中表现出色的领导人时，必须记住即便最佳的人，要让其改变在一种环境下非常有效而在另外一种环境中可能不太有效的领导风格，也是相当困难的。规模的差异及授权的适当程度在这方面都很重要。例如，在教育领域，领导一所庞大的公立大学所需的技能与领导一所小规模的文科院校所需的技能是完全不同的。对于有才能的人来说，当然有可能适应新的环境，但是对于新任校长或新的机构来说，这个适应过程可能并不十分顺利或舒适。

● 经验至关重要，特别是克服逆境的经验。能够对候选人在面对压力和遭遇逆境情况下的表现作出深思熟虑的判断是很重要的。作出此类判断的唯一可靠方法，至少在我看来，就是观察候选人过去应对难题的反应。为此，委员会可能为那些曾克服逆境的候选人提供一些"优势"。

● 不要轻视新鲜血液及全新活力的好处。必须根据经验来权衡这种考虑。营利性或非营利性组织的新任领导一般都需要新鲜想法、新的可能性及活力。我个人总是倾向于选择积极向上的人，这样的人似乎处于陡峭的路途，并有能力被工作所激励。这样的工作可能使得长时间从事类似工作的人感到烦扰，而很难重新燃起激情。

优雅的过渡：前首席执行官／总裁应继续发挥什么作用？

在选择新领导者的过程中，董事会不仅必须决定谁应该领导组织向前发展，还必须决定退休的首席执行官／总裁在未来扮演的角色。因为在与可能的新领导者的交谈中肯定会涉及这个问题，董事会必须准备好如何回答这个问题，并确保现任领导者了解董事会的意图。

这些年来，营利性组织的董事会习惯于邀请退休的首席执行官继续担任董事会成员。正如在第 2 章提及的，在一种治理模式中，退休的首席执行官被要求担任董事长，但是这种"学徒式"治理方法及前任首席执行官继续任职董事会的情形如今不再那么普遍。尽管实际做法不断变化，但是一个正在形成的共识就是即将卸任的首席执行官／总裁应马上脱离管理层及董事会。我也赞同这个观点。

前任彻底的脱离向所有的人表明新任首席执行官事实上开始承担全部职责。而只要前任首席执行官继续在董事会任职，新任首席执行官就不可能不受任何束缚，特别是在有争议的时候。此外，在前任首席执行官在场的情况下，也难以公开坦诚地审查过去的决定及早期的做法。即使最善意的首席执行官都难以完全客观地评价其在任期间作出的决定。而且，前任首席执行官的朋友们及其他不愿伤害感情或冒犯前任首席执行官的人在此人在场并且对此人也颇有好感及尊敬的情况下，必定更难以提出问题。另外，当董事会评价新任首席执行官的表现时，一些兼任首席执行官的董事长们会保护自己的亲信。

优利系统公司前首席执行官兼董事长及前财政部长迈克尔·布卢门撒尔（Michael Blumenthal）曾说过：

"我绝对赞成前任首席执行官不应继续任职董事会

的观点。这种身份的人，即使是好人，也会有一种难以忍受的束缚。如果他批评新任的话，就会让人觉得可疑。但如果他有所保留，不发表意见的话，就是渎职。因此应该避免这种进退两难的局面。此外，当着老上司的面颠覆过去的政策，新任首席执行官也会觉得尴尬，特别是在双方还是好朋友的情况下。"

默克公司的前首席执行官兼董事长约翰·霍兰告诉我说：

"在从首席执行官的职位上退下来后，我不应继续留在董事会……进行各种讨论都是一种折磨，我不知道我应该在什么时候进行评价或者保持沉默。继续留在董事会完全就是一个错误。人们希望从我那里得到的意见其实也可以通过其他方式获得。"

拉里·博西迪说，当他成为联信公司的首席执行官/董事长后，他的前任爱德华·轩尼诗（Edward Hennessy）想留在董事会。博西迪鼓动提名委员会要求他下台。委员会这样做了，轩尼诗也没有留在董事会。博西迪对此作了这样的解释：

"在大多数情况下，一个即将离任的首席执行官不应该留在董事会。他或她的在场会有两种不好的影响。首先，前任的在场会造成继任首席执行官的不适。其次，离任的首席执行官会有一种挫败感。他可能不得不听到一些和他意见相左的观点及做法，但仍（必须）阻止自己意欲解释或捍卫自己先前选择的冲动。"

我个人在这个问题上有近30年的体验。当我1972年首次成为普林斯顿大学校长的时候，我不能理解为什么不能让多才多艺的罗伯特·戈欣（Robert Goheen）留在董事会。他可以成为出色的董事会成员，可以随时施以援助，不可能对我造成困扰。但他自己不想留在董事会。我现在确信，与前任校长戈欣并肩奋斗的普林斯顿大学董事会成员认为最好让我自己独立担当校长职责的想法是绝对正确的。多年以后，当我 2006 年 6 月从梅隆基金会总裁的位置上退任时，我明确告诉所有人，当你离开了总裁或首席执行官的位置时，你就应该彻底地离开。正如我在多个场合说过的那样："担任一次校长就足够了！"

我反对由首席执行官决定是否继续留在其曾领导的董事会。虽然我赞成杰出的人才凭借其风格及判断可能可以处理角色转换中不可避免的含糊之处，但敞开胸怀接受任何异议也许导致不当人员的进入。一位博学的朋友，福特汽车公司前高管、斯坦福大学商学研究院院长阿基米勒（Arjay Miller）认为可能催生一种反常的模式："合适继续担任董事会成员的首席执行官通常不想继续留在董事会，而卸任后却仍想留在董事会的首席执行官往往应该离开董事会。"

在我的经验中，一个最好的例子就是乔治·格鲁内（George Grune）在读者文摘协会（RDA）发挥的作用。格鲁内坚信读者对读者文摘的支持（所有一切都归功于他），但他很难接受时代已经改变，读者文摘的客户群已逐渐减少，公司需要改变发展方向。由于格鲁内从首席执行官位置退下后继续留在公司，因而没有人真正考虑业务的重新定位（或考虑出售公司的方案）。这样的后果是生意非常惨淡，因为格鲁内希望最好地经营读者文摘，但是我相信只要格鲁内继续留任董事会，读者文摘就无法实现最好的发展。

正如一些评论员已经证实的那样，即使卸任首席执行官在董事会中没有正式的一席之地，但仍可以从他们那里获得建议及帮助。在梅隆基金会中，我的前任杰克·索耶（Jack Sawyer）总是毫不犹豫地提供有用的建议，但又总是谨慎周到地给予我充分的行动自由。同样，鲍勃·戈欣（Bob Goheen）在普林斯顿也是随时准备我请他帮忙。在营利性公司中，我同样看到前任首席执行官不吝提供帮助，但仅仅是在被请求给予帮助的时候。事实上，如果不是非正式地询问（至少某些情形下）他们的意见，前任首席执行官会觉得伤害了感情。

总之，当时限已到，是否离开董事会或继续担任首席执行官或总裁的争论在营利性及非营利性组织中都是强制性的。声明这一强有力的立场后，我必须承认"决不"的说法是危险的。在一些反常的情况下，具有特殊关系的、能帮助继任首席执行官的首席执行官习惯了董事会及新的角色。但我认为这种模式极不可能是合适的模式，尽管我敬重那些在过渡时期表现出色的首席执行官们。

董事会能成功地在正确的时间选择合适的首席执行官在很大程度上取决于董事会自身，取决于其成员及他们的合作情况。成立董事会是在其权力范围内至关重要的活动。下一章节将讨论优秀董事会成员的退任及在不断前进的步伐中重建董事会这个敏感而必要的任务。

第 6 章 成立董事会

最后三个章节主要集中于探讨董事会与首席执行官（或总裁）之间关系的演变，包括新领导者的招聘及优雅过渡的重要性，我们现在折回到董事会本身，讨论其构成、结构及运作。

过去十年中，公司治理方面出现的重大变化之一就是董事及受托人们现今更加关注成立董事会。现在已不再是假设，即使在运作最好的组织中，董事会的发展也只是顾及自身。人们认真关注董事会规模及构成、选择新领导者的过程、与确定及招聘董事会新成员相关的标准、对多元化的强调及董事"独立性"的界定。构成董事会的这些方方面面就是本章的主题。第 7 章将讨论董事会运作的主要方面，包括董事会有效运作所需的内部机制及重组。

董事会的规模

目前普遍认为，董事会履行其职能的能力主要取决于其规模。虽然总成员数目并没有任何神奇之处，但很明显董事会的规模要么过大要么过小。有经验的领导者及谨慎处理董事会事务能减轻与规模大小相关的问题的严重性，但无法回避的事实就是董事会规模本身是个重要的问题。

根据通常范围的下限，一个不到 8 至 10 名成员的董事会在背景、技能及所持的观点方面缺乏多样性。规模过小的董事会过分依赖其中一两个成员的某些才智、某种特殊的观点或与众不同的风格。即使格外尽职尽责的董事会成员也会因生病或某种冲突而偶尔缺席会议，而如果董事会成员过少，并且没有后备力量，那这种缺席就会产生负面影响。最后，成员少的董事会自然只能提供较少的主持委员会（如果不是领导董事会本身的话，而在非营利性组织中，则是领导筹款活动）领导职务的候选人数。董事会需要至少足够的成员就职于主要的委员会并完成必要的任务。

　　私人股本或风险资本家控制的营利性公司的董事会可能无需担忧规模过小的问题。这些董事会往往由 5 到 7 位成员构成，这么小的规模看似与其公司文化非常合适。这种文化强调非正式性、亲自监督、不成立委员会及免于担忧公开上市的营利性及非营利性组织特有的外部关系。不过，这样的董事会仍过于依赖其中的一两个成员。显然，随着更多公司进入最大的交易活动中（每个公司都希望代表董事会）以及对多元化能力的需要，一些这样的董事会的规模至少略有扩大。

　　无可否认，董事会的规模也有过大的情况。正如一位经验丰富的首席执行官迈克尔·布卢门撒尔所说："在成员数达 18 到 24 个的董事会中，不可能具有真正的群体凝聚力以及进行互动、辩论与共同决议。"更不用说对讨论及交流想法等活动的影响了。董事会规模过大，不可能实行问责制。除了一些限制外，各位成员都容易丧失自己的个性，而顺从其他人的想法。当一个大团体的所有成员承担同样的责任，没有人会有真正的责任感。约翰·怀特黑德供职过的董事会几乎比任何人都多，他坦诚地说："我发现董事会的规模与我对其的责任感成反比关系。"

　　近年来，特别是在营利性组织中，董事会缩小了其规模。现今少有规模过大或过小的董事会。缩小规模后数年，标准普尔 500 强公司的平均董事会规模约稳定在 11 位成员。适度规模的问题至少在这类组织中看似得到了解决。

而在非营利性组织中的情形却并非如此。非营利性组织董事会的规模往往超过了营利性组织董事会，在某些情况下甚至是远远超过。虽然难以找到对非营利性慈善组织董事会规模的系统调查，但结合可以找到的调查结果、高等院校受托人委员会协会等实体组织的报告、我们对梅隆基金会受让人作出的非正式分析以及个人的相关知识，令人对整体情况深信不疑。这些非营利性组织董事会平均约由 20 位成员组成。而且一些非营利性组织董事会明显规模更大。私立高等院校的董事会平均达到 30 位成员。根据美国交响乐团联盟，拥有最大预算的乐队其董事会成员数平均达到 65。

完全从决策的角度来看，非营利性组织董事会的成员数之所以往往超出所希望的人数，有如下两个方面的原因：

（1）许多非营利性组织董事会必须比营利性组织董事会满足更广泛的支持者，因此，他们可能对多元化的要求更高。院校董事会就是一个很好的例子。正如和其他类型董事会一样，他们需要有广泛的专业视角以及在教育问题上经验丰富的成员。此外，这些董事会需要在年龄、地域及种族方面反映他们学生和校友的多样性。

（2）许多组织也囊括主要捐助者及那些能筹集到捐款的人作出清楚的权衡。由于优先考虑筹款问题，一些董事会有意将规模扩大到超出他们认为合适的程度。非营利性组织试图既满足筹款的需要又不必大规模增加董事会成员数，他们常常成立发展委员会、咨询委员会及类似的机构。尽管这些平行机构确实能起到帮助作用，但很少被视为完满的解决方案。有些人满足于在有实权或有声誉的组织中谋得一席之地。此外，正如哈佛大学校长基于他们与哈佛集团及监察委员会的合作经验证明的那样，协调两个互相补充的活动并非易事。

主动依靠执行委员会是解决董事会规模问题的常用方法。有人告诉我这种方法曾在很多情况下都很有效，包括罗马美国学院及国际援救委员会。然而，总有一些非执行委员会成员的受托人们感觉自己被扔在了有两个层级的董事会中的第二个层级。熟练的董事会领导能力、直率及良好的幽默感能大大缓解这种敏感性，但可能无法完全消除这种感觉。

纪念斯隆—凯特琳癌症中心已经找到一种更微妙的方法。其年度报告中载有 50 到 60 名"监察董事会及管理董事会成员"。两个群体间没有任何区别。因此，所有这些成员都认为他们任职于"董事会"。同时，真正的决策权握在管理董事会手中。该委员会由不到 30 名成员组成，这些成员一年仅会面 4 次。监察董事会同时满足管理董事会的要求，并担任咨询顾问工作。管理董事会具有委员会的结构，监察人员偶尔被要求为管理董事会的各个委员会服务。

资助型基金会在非营利性组织董事会特有大规模的传统智慧方面是个例外。根据基金会受托人委员会，现在的基金会董事会其平均规模为 12.5 位成员。规模小的一个原因就是资助型基金会的董事会通常并不征求捐款，因此并不需要为潜在的捐助者或筹款人腾出董事会的席位。基金会也不必招聘学生、吸引观众或寻求客户。

在任何情况下，真正严重的问题涉及规模巨大而这种规模又折中了有效治理公司能力的非营利性组织董事会。在强调这种危险的言词方面，我最赞同泰勒·雷弗利（Taylor Reveley）的说法。泰勒·雷弗利是梅隆基金会受托人，多次担任非营利性组织中的董事会成员。他认为："通常，如果董事会超过 30 位成员，董事会的庞大规模会削弱其效力。成员们经常缺席、不作事先准备、逃避困难问题并且在董事会集中时没有采取任何重大行动（我的重点）。"

值得注意的麻烦问题就是，一些在 20 世纪 90 年代初遭遇困难的非营利性组织扩大了而不是缩小了其大型董事会的规模。紧随着对于低效及疏于监督的抱怨之后，联合劝募协会董事会从37 名成员扩大到 45 名。该董事会扩大规模，旨在满足明显的需要。但是一个显而易见的问题就是更好的解决办法能否通过退下一批现任成员为新成员腾出席位。红十字会由于众多问题（董事会在某些方面太过突兀）的困扰，满怀信心地决定逐步将 50名董事会成员缩减至最多剩下 20 名，并同时改变选择董事会成员的方法。对红十字会难题的研究十分清楚地表明董事会的规模及董事会结构的其他弊端都是成功治理公司的主要障碍。

招募董事会成员：范围及程序

在营利性组织中，即使缩减董事会的平均规模意味着较少的董事会席位，招聘新的董事仍越来越难。原因如下：

随着主要营利性组织董事会变得更加苛刻，董事会成员兑现承诺所需的时间日益激增。

● 积极的投资者、调查记者及监管机构对董事会行为更详细地审查加大了窘迫感及损害声誉的风险，即使对于表现优异的董事也是如此。正如 Wachtell, Lipton, Rosen & Katz 的马丁·利普顿（Martin Lipton）所说的那样："媒体的批评和管理监督机构简化丑闻，并在出现问题时，假定所有董事都有责任。因此，无论董事们多么勤勉努力，他们仍面临着因公司的任何不当行为导致公开窘境的风险。"与之相关的就是股东起诉董事案件的增加。

● 现任的首席执行官们，传统上被认为是备受青睐的候选人团体，现在正限制他们所任职的外部董事的人数，部分原因归于上述已提及的因素，另外的原因是他们自己的董事会不希望他们因外部责任分心。外部董事会在任的首席执行官过去平均为 2

位，现在则少于 1 位；标准普尔 500 强公司中大约 1/4 的现任首席执行官并未在任何外部董事会任职。在 2006 年新当选的独立董事中，29% 为现任首席执行官，而 2001 年该数目为 48%。

营利性组织董事会中更为困难的招聘情形是他们必须考虑在更可能当选首席执行官时却被忽视的候选人团体。最近退任的首席执行官就属于这样一个团体。另一种就是正处于上升中的高管，即使他们自己的首席执行官可能不愿意"暴露"这些人，以免他们被挖走。如果这样的人刚好是一位有前途的女性高管，那么情形更为严重。首席财务官作为董事会候选人正备受关注，一部分原因就是董事会尤其是审计委员会越来越重视金融专业知识。还有其他一些特别合格的专业人士，如律师、会计、科学家、公司治理过程和国际事务方面的专家，他们应比过去更受关注。一个难题就是为什么越来越多的著名女律师很少代理商务董事会，而她们其中一些人甚至在她们公司及非营利性组织董事会中位居领导职位。

可以肯定的是，非营利性组织董事会也很难引进优秀的受托人。正如在营利性组织中一样，媒体、国会及监管者越来越多的审查激发了一些候选人的警惕心。一般来说，正如董事长及提名委员会领导者证明得那样，最佳候选人似乎总是受到过分约束。不过，我不相信对于非营利性组织董事会来说，现在比过去更难以招聘优秀的候选人。在"慈善投机时期"及许多活动的责任从政府转向非营利性组织的这些日子，人们普遍认为公民领导，包括企业的首席执行官，都应该任职非营利性组织董事会助其事业的发展。

实际上，可能存在太容易反而招聘不到受托人的危险，我指的是有人可能只是同意加入非营利性组织董事会，但并不没有真正考虑董事会成员应承担的义务（注意自发接受的情况）。那些应邀加入董事会的人有义务认真考虑他们是否能完成董事会成员的义务。许多评论员指出有时人们为了"荣誉"而加入董事会或仅仅为了丰富他们的履历。这种情况也会发生在营利性组织中，公司应提防那些仅为了声誉而任职于董事会的候选人。正如一位曾就职于上市公司及私人控股的营利性公司的评论员所说的那样，在私人股本公司的董事会中，其成员都是出于业务原因（以提升其作为所有者的投资价值）而加入董事会，而不仅仅是为了被看到。

近年来，董事会治理中出现的最重要变化可能是愈发理解确定和招聘营利性组织独立董事是董事会本身而不是首席执行官的主要职责。正如《董事职务》的编辑主管及《商业周刊》的前资深编辑琼·华纳（Joan Warner）所说的那样："20 年前，大多数董事都是经由首席执行官基于他们的人际技能精挑细选……"美国运通董事会的老秘书、一般公司董事会的现任观察员史蒂夫·诺曼（Steve Norman）强调治理任务中这一根本改变的重要性。当然，首席执行官必须是这一过程的组成部分，用诺曼的话来说，就是"你不能空降一个陌生人到董事会中"。但是首席执行官不应作出选择的决定。在摩根士丹利，首席执行官/总裁帕塞尔在决定是否将董事会候选人提交给他精心挑选的提名委员会主席迈克尔·迈尔斯（Michael Miles）之前会先对候选人进行观察。美国证券交易委员会代理规则现在要求公司说明每名候选人是如何被提名的。

实际上，如果有诚意并共同分担需要完成的任务，适合的董事会委员会及首席执行官能成功合作，成立一个高效的董事会。为保持这种合作精神，必须理解并考虑首席执行官/总裁的需要以及董事会本身的需要。我坚定支持给予首席执行官/总裁在遴选过程中实际的否决权，但这是一个应该谨慎使用及不被滥用的特权。我在普林斯顿大学的时候，有人提议一位高调的候选人，但在我看来这位候选人过去自大傲慢、不能与之进行商议，我清楚地记得曾行使过一次否决权。我认为，迫使对目标候选人持有严重怀疑态度的首席执行官/总裁选择一位新董事或受托人是不明智的。

然而，合理地授予否决权大不同于允许总裁/首席执行官决定谁应当选。周密的商业首席执行官明白，现今不可能让董事会成员为在董事会的席位感谢首席执行官。这在非营利性组织中从来不是什么大问题，因为非营利性组织董事会长期以来积极投身于招聘新受托人的任务中。当然，非营利性组织的总裁及营利性组织的首席执行官应毫不犹豫地向提名委员会提交有前途的董事会成员候选人名单，正如我经常做的那样，并明白应由董事会而不是总裁或首席执行官决定候选人是否应当选。在此方面，非营利性组织比营利性组织表现更好。

目前美国企业界关于被提名者应得到多大程度的支持以入选董事会的争议中，提出了谁来作出选择的问题。积极的投资者和持异议的股东表达了对多数投票政策的日益不满。根据这种投票政策，如果董事会针对一个无异议的席位而提名的候选人仅获得一位股东的投票，也仍能当选。这样的政策使得股东不可能因为在年度会议中拒绝给予支持就开除董事。代理咨询公司机构股东服务公司（ISS）的领导者约翰·康纳利（John Connolly）预期2007 年 450 份决议要求先于美国公司之前的多数表决，该数字在 2006 年为 140，2005 年为 89，而 2004 年仅为 12。国际治理标准公司（Governance Metrics International，GMI）的领导者加文·安德森（Gavin Anderson）称这种多数投票活动为"无法停止的火车"。许多公司高管没有找到理由同这些规定作斗争。因此，现在看来很有可能多数表决的规定在数年内将会到处普及，这意味着董事将必须获得比扣留的投票数多的投票来支持其当选。一些蒸蒸日上的公司如沃尔玛、英特尔、家得宝及默克都已采取了多数表决的政策，有的还将此政策纳入了公司章程。

　　关于使得股东更易于提名董事会成员候选人的各种提议并没有获得很多支持。当然，任何股东都可以向公司的提名委员会提议候选人；而且如果股东持有足够股票，董事会可能会更严肃地对待其提议。在家得宝 2007 年 5 月年度会议之前，主要工会养老基金中负责养老金投资政策的董事理查德·费洛托（Richard Ferlauto）领导积极的股东代表团出席董事会提名委员会的非公开会议。如果这种影响提名的非正式努力失败了的话，代理权之争仍是股东们推选自方董事的主要工具。代理权之争最后的结论就是持不同意见的团体各获一个董事会席位。这样就达成了一种微妙的平衡。股东应有可能挑战固执的董事会考虑新的发展方向，但如果这种挑战太过频繁或太容易的话，"单一议题的候选人"的到来（甚或即将到来）可能就会扰乱有序的董事会办事程序。

　　在非营利性组织中，这些问题以其他形式出现。许多私立高等院校允许校友提名并选择一定数量的受托人。在大多数情况下，这些将某种形式的民主融入选择过程的努力非常有效，让校友有被重视的感觉。然而，在达特茅斯大学，校友成功地选择一些通过申请而被提名的受托人，该校的热议问题表明这种机械性造成了激烈的争论。高等院校应允许观点各不相同的人任职董事会，但他们也得警惕被选的受托人只是刻意地表现出支持的态度。很多高等院校在提名过程中采取不同策略，安排与校园团体的非正式协商。

　　不管是否以潜在候选人被提名的方式来达成决定，令人鼓舞的是，营利性及非营利性组织中越来越多的人理解成立强大董事会是一个长期的过程。这个过程应包括系统评估董事会的需要及有序地填充董事会空缺席位的明确计划。填充空缺席位不应是一次性的，或者仅靠他人提议他们认为合适的候选人。根据我在默克公司担任委员会主席负责推荐新董事会成员的经历来看，应该列出公司目前的需要，如在医学及科学领域有地位的人，以及其他具有丰富商业经验的人和一些在公共政策问题方面的博学之士。非营利性组织自身需要的列表中通常包括组织运作及投资能力和筹资能力的实质性知识。这两种类型的组织都必须考虑多样性和年龄分布。无论董事会有什么样最紧急的需要，预先规划及招聘新董事会成员都应该考虑特殊董事会成员何时退休及当他们退休后董事会将出现什么空缺的问题。

默克公司提名委员会由于碰巧及（无可否认地）缺乏预先规划，6 名董事会成员预定在两年内退任。组织应努力避免类似这样的情形。难以同时招聘几位新成员，但一个接一个的方式会更容易。新任董事/受托人需要被介绍给关键成员及董事会的其他成员，通过实地拜访、熟悉该组织的历史及主要政策来融入董事会。如果空缺席位逐个出现，董事会的招聘有条不紊，所有这一切会更容易。在默克公司，我们学习到在招聘新董事时需要密切关注董事会的年龄分布。

最近，在罗伯特·纳德利突然下台后，家得宝董事会因为未能提前计划以确保董事会成员的合理流动而受到批评。三位家得宝董事会成员预定在 2007 年春季一起退任，届时他们都已达到强制退休的年龄即 72 岁，但是现在这三位董事会成员被要求续任一年以协助纳德利的继任者。除此之外，第四位家得宝董事会成员和主要董事肯尼斯·南宫（Kenneth Langone）已预定在 2008 年春季退任。显而易见，如果家得宝董事会已经预计到这种退休高峰期并提前招聘新成员，就不会出现像现在这样的糟糕状况。

总之，董事会成员的退任应和招聘新首席执行官一样采用系统的方法。需要一个实际的遴选过程，完全依靠口头语言和朋友是不明智的，但是不利用董事会成员在其他组织中搜寻优秀候选人的经验知识同样也很愚蠢。以我的亲身经历为例，我曾建议默克公司董事会考虑彼得·温德尔（Peter Wendell）作为候选人。他是塞拉利昂投资公司的普通合伙人，一位能力超强的风险投资家，我曾与其在普林斯顿大学和梅隆基金会密切合作。温德尔没有在大型公司董事会任职的经历，也无法证明其像一位科学家；如果我不了解他本人，董事会根本不会注意到他。温德尔已被证明是一位杰出的董事，而且如果其他董事都能尽职尽责履行自身的职责，确定其为董事会成员的候选人有可能是我对默克公司董事会最有价值的贡献之一。

然而，目前的董事会成员并不熟知很多个这样的"温德尔"。猎头公司可能有助于列出大量候选人，但是任职董事会并负责推荐候选人的那些人有必要明确告知猎头公司董事会的需要及董事会对候选人的要求。我也相信，当委托猎头公司确定首席执行官候选人的时候，负责招募过程的董事会成员必须亲自联络候选人。他们必须探查理想候选人的潜在兴趣，并在提供职位之前考察候选人，因为这些人可能很难挖到。在营利性及非营利性组织中，对董事会候选人的评价应比一般情况下更侧重于其在其他董事会中的表现。并非所有有能力的人都能成为优秀的董事会成员。

一般情况下，成立董事会系统而持续的努力应产生可以定期评审的候选人名单。提名委员会成员及工作人员应监督名单中有希望的及在适当时候他们可能发出援助需求的候选人。规划并执行有效的招聘过程可能要付出昂贵的代价。

招募合适人选

无论成立董事会的过程规划得多么好，最终的成败将取决于董事会如何明智地挑选成员。合适人选可以完善这一过程，但是没有哪套体系能保证好的结果。这需要理智、判断及些许运气。

在考虑到标准的时候，从我所称的"普通、核心资格"开始是有益的。这些资格包括正直、能力、可靠性、良好的判断、独立思考及对事业的贡献。列出这些看似老套的传统美德似乎过时，但很多最近的事例表明将这些视为理所当然可能是灾难性的。在列出这些核心资格时，我也赞同拉里·博西迪的观点，用他的话说，他认为董事会应该探寻候选人"在任何领域所取得的历史成就……实际的成就远比资历证书更重要"。

每位董事也需要具备在集体决策乃家常便饭的工作环境中与同事合作的能力。有时极聪明、极有天赋的人根本无法成功融入董事会，尤其是习惯于集体协作的董事会。领先的药物收益管理公司梅德科的创办者马蒂·卫古德（Marty Wygod）就是一个很好的例子。他在默克公司收购梅德科之后应邀加入默克公司董事会。卫古德是一个敏锐的思考家，他预先考虑复杂体系方法在管理保健的医疗环境下购买处方药的必要。可以说，他在这方面比任何人都要做得好。然而，不幸的是，他这种锐意进取的风格及明显缺乏对董事会同事才能的欣赏阻碍其成为一名令人满意的董事会成员。他在担任董事 6 个月后辞职。

正如美国斯宾塞—斯图亚特公司的汤姆·内夫所指出的，董事会还需要有理解组织工作复杂性并了解谁是董事会领导者的核心人物。这个令人信服的理由也针对一些首席执行官。如内夫继续强调的那样，可以在负责领导非营利性组织（比如大型博物馆、医院及重点研究型大学）的人以及具备丰富的治理公司经验的人中找到组织的"智囊团"。

董事会还需要掌握组织类型的第一手资料的外部董事。这些人有助于帮助董事会询问关键问题。在营利性组织董事会中，许多人认为其他在自己公司经历类似业务问题的首席执行官能满足这种需要。一些营利性组织的评论员警告我不要夸大首席执行官对彼此业务的了解程度，我对此有些惊讶。特定领域或行业的实质性知识往往更有价值。尼古拉斯·卡岑巴克指出加利福尼亚理工学院前领导哈罗德·布朗（Harold Brown），一位杰出的科学家，因其在识别其他董事会成员可能会错过的技术问题方面的能力，是 IBM 董事会的无价之宝。默克公司董事会受益于几位在分子生物学等领域学识渊博的科学家。跨国公司也得益于那些了解全球范围内此类公司运作情况的董事会成员。

非营利性组织也需要那些在提醒董事会注意新发展、潜在的陷阱及关键的传统领域方面经验丰富的董事会成员，他们知道提出一些尴尬的问题。哈佛大学前校长尼尔·陆登庭在帮助普林斯顿受托人委员会的同事理解所有研究型大学都面临的问题方面发挥了巨大的作用；我也能亲自证明大卫·贝利（David Bayley）对丹尼森董事会工作的大量贡献。大卫·贝利是纽约州立大学奥尔巴尼分校的院长，是一位颇受尊敬的教员。可以肯定的是，"业余爱好者"可能占据非营利性组织董事会的多数席位，但这是一种好的现象，因为非营利性组织董事会并不需要专业人士或专家的数值优势，而是需要一些在正在讨论的领域中的博学之士。

非营利性组织也可以利用董事会的招聘职责来确保他们可能并不需要的全职专业人才或他们聘请不起的非志愿人才。律师和投资者往往属于这一类。一般情况下，我认为董事会的每个成员都应具备某种特殊的能力或经验。虽然董事会都希望拥有经验丰富的成员，但在我看来，招聘那些将自身定义为外部董事的人才是有风险的。要求潜在的成员深深扎根于另一个组织或一种特殊的职业至少相对避免了潜在人选仅仅浅显涉猎某领域的现象。

必须从捐赠者处筹集相当数量款额的非营利性组织明显渴望具有募集资金的能力且能够慷慨解囊的成员。这是招募一些董事会成员的主要标准，总裁或执行董事及其工作人员往往能为提名过程提供至关重要的信息。

然而，学术气浓或专业性强的非营利性组织有时的确难以足够重视招募能筹集资金的人才的重要性。我知道至少有两个突出的学术导向的非营利组织董事会几乎完全是高素质的学者，为抵制选举具备筹资能力的人才付出了巨大代价，因为这些具备筹资能力的人才被认为不具备适当的学术资格。我认为这种态度很愚蠢，假设小心确保潜在董事理解并尊重该组织的使命，而危险就在于过于关注筹资，董事会忘记了首先筹资的原因。利益和资历的合理平衡是必需的。

另一种非常不同的需要普遍存在于营利性及非营利性组织董事会中。在对世界通讯公司问题的报道中，理查德·布里登（Richard Breeden）指出，"每个董事会都有一两个倔老头"（我的强调重点）。他继续指出，"当管理层不遵守良好的行为规则、寻求过多的薪酬或导致不可接受的风险时，董事会中有的人是用于提出反对意见的"。与此类似，另一位评论家也强调了董事会中"领航鱼"的重要性，因为他们敢于逆流而上。

我清楚地记得，当我任职普林斯顿大学校长时，在回答不受任何想法约束的受托人们如迈克尔·布卢门撒尔和保罗·沃尔克所提出的有关大学及学费政策的成本结构方面的问题时，我个人也有很多收获。然而，至关重要的是要有合适的倔老头。布卢门撒尔和沃尔克都强烈支持大学及其领导层，同时他们激烈争执一个或另一个决定的正确性。用已故的约翰·加德纳（John Gardner）的话来说，组织机构需要"不加批判的爱好者及冷酷无情的批评"。约翰·加德纳是一位卓越的公仆，是共同事业组织的前领导者。不能通过牺牲共同合议及相互尊重来达到交谈中质疑（如果不是有争议的）的声音。

现在提前提出一个我逐步坚信的另一个建议。我将在本书最后一章重申这个建议，即特别是在营利性组织中，行动的勇气和意愿往往越来越稀少。根据我的经验，经过一段时间的讨论

（可以肯定，通常是太多的时间及太多的讨论），应该怎么做往往变得相当明显。诀窍就是集结能量，尤其是行动的勇气。花稍长的时间等待事情的发展是很容易的。美国运通的传奇事件因首席执行官及董事长詹姆斯·罗宾逊的辞职而达到高潮，罗利·华纳（Rawleigh Warner）加速了事件的发展，并说出了其他董事心中的想法。

不幸的是，这个问题并非只是找出主要领导者这么简单，虽然我认为这是最重要的。该问题最难处理的方面反映了经验丰富的董事会成员所描述的"董事的困境"：

"高管必须自由运营公司，不受董事会的过分干预。当然，问题的关键在于对过分干预的界定。我发现大多数尽责的董事过于担心被视作捣乱者，这导致了更广泛的问题。董事们不仅仅只是纯粹的作用力？其中的悖论就是不愿被视为干扰造就了被动的而不是主动的董事会参与者。不从事或不干预短期管理的重要性往往导致董事放弃他们负责长期方向的职责。这种进退两难的局面是一个难题，我认为很多人都可能时常有这种强烈的感受。"

另一位评论员，CAI 资本公司董事长、加拿大铝公司退任董事长及我在美国运通董事会以前的同事大卫·卡尔弗（David Culver），超出任何责任心及勇气的正常标准，源于他所说的"多瑞特将军（General Doriot）对一个帮助他们完成工作的组织的定义"。他认为，董事的职责就是帮助首席执行官解决最困难的工作及由此产生紧张局势。正如卡尔弗继续说的那样：

"只要组织还在发展之中就没有任何问题。但是有一天首席执行官提出了一个大胆的行动。他已经尽了最大努力向董事会通报这一行动。他也清楚地告诉另一方及他的工作人员，该行动必须得到董事会的批准等等。

作为一个董事，你不喜欢它，感觉不适。然而，这是一个瞬息万变的世界，一旦你说不，试图帮助你完成工作的人将被撤出。因此，董事们发现自己评论的提案，因知道的太晚以至于无法阻止其发生（80%的董事会都会选择不作为），但仍希望影响首席执行官的下一个想法，却不知道下一个想法可能是什么！这就是间接影响力的实质，不容易做到而且没有多少乐趣。"

这种事情只能继续到此。最终尽责的董事必须推翻多瑞特将军并得出结论新领导是强制性的。

很难得知什么时候仅仅只是提出问题、挑起眉毛是不够的。卡尔弗是正确的，高效但并不过早地破坏计划要求讲究次序的艺术性。实际上，在成立董事会的过程中我们所希望完成的就是增加展示并实践这种艺术性的机会。除了选出有意愿采取行动的明智人士，董事会需要创造一种氛围，并设立机构以促进而不是阻碍大胆决策。

在挑选非营利性组织董事会成员时，另外还有一种至关重要的特征有时被忽视或低估，那就是寻找一个真正理解组织使命、执着及信守承诺的人。麦肯锡公司前常务董事及非营利性实体组织的现任受托人罗恩·丹尼尔（Ron Daniel）指出，这种限制对于非营利性组织的重要性正如勇气对于营利性组织的重要性一样。如丹尼尔所说，非营利性组织董事会可能包括那些一般意义上能力出众的人才，实际"却根本没有达到那种高度"。

缺乏理解和执着精神的受托人是危险的，他们无法理解芭蕾舞团如何运作或者研究型大学中研究生教育与本科教育的关系。丹尼尔直白的评价就是"这样的人永远一无是处"。对组织没感情的人们可能立场不坚定，并作出实质性的伤害，或者完全不可靠，他们根本不参与组织活动。受托人应当热爱机构组织或尊重其领导者，最好是两者兼备。

这种加强的理解及执著解释了为什么非营利性组织不应简单地在董事会上收集名单。一个具体的问题就是一些著名人士可能感觉有在董事会会议上有所表现的必要。当个人加入董事会以造成轰动或提出个人议程时，会产生破坏性的影响。董事会能很快发现浪费时间，但也错过了进行严肃讨论的时机。当董事会被要求举行公开会议、正式邀请"有所表现"时，这可能是一个特别严重的问题。

为了以不同的方式结束这个讨论，我提议另外一种资格，虽然不算真正的专业，但在组建董事会的过程中也应认真对待。让那些能激励及娱乐其他受托人或董事的人参加会议是很有价值的。幽默有趣的同事很重要，他们的出现能鼓励其他人积极出席会议并积极参与董事会的工作。说到这一点时我没能想到很多人，但是需要特别提及的就是《福布斯》杂志前发行人、已故的马尔科姆·福布斯（Malcolm Forbes），他是普林斯顿大学非常高效的受托人。众所周知，福布斯魅力四射、充满叛逆精神，他能让沉闷无比的气氛变得充满趣味。他的活力不会因为严肃的事件而减退；相反，他能突出这些事件，并转移精力以解决最平凡的问题。

多样性

背景及观点的多样性在组建董事会的过程中仍然极其重要，值得予以单独考虑。尽管多样性无比重要，但不能以牺牲在机构及其使命上的一致共同设想来实现多样性。

在高等院校中，如果董事会意欲成为高效的提问者和决策者，希望他们的决策被视作合法的决策并且成功地请求来自机构各种团体的支持，多样性也是必需的。在讨论运动项目中性别平等的含意时，显然应包括女性及男性的观点。同样，在承诺言论自由的机构中如何处理种族蔑视的讨论将从属于少数群体的受托人的积极贡献中大大受益。

在营利性组织董事会中，"我们是谁"向工作人员、供应商及全球客户表达了公司的价值观及承诺。如果董事会成员没能证明同样的承诺，鼓吹多样性优点并强调招聘及提拔工作人员的多样性的公司很难站住脚。随着美国人口的不断变化，白色人种的高中毕业生在 2014 年预计占毕业班的 58%，而且随着更多公司的全球化，实现真正的多样性比以往任何时候都更重要，然而，"仍有很多公司排斥非白人的董事"却是毋庸置疑的。

许多组织希望多样性的董事会，并不能确定如何着手，包括以前被排斥的群体，尤其是少数种族。指定专门用途的董事会席位（如"黑色席位"）这种方法是有吸引力的，但是这种做法未免傲慢自大，同时不适于招聘多样化背景的杰出人士。我也相信没有哪个董事会局限于一个方面，即使实际的成员数制约妨碍了充分实施"诺亚方舟"的原则。女性及少数群体成员更易于应对董事会面对的问题，如果他们不怀疑董事会是希望他们以某种方式代表所有女人和所有少数群体的观点，仿佛早先存在的唯一观点一样。同样，如果有一个以上首席执行官及一个以上教育家的话，尤其是在学院或大学中时，就更好了。

如果个人认为他们在董事会代表着某一特定的团体或特定的观点，他们就不是贵格会（Quaker）会员所称的"重量级"的董事会成员，因为太容易将他们的观点作为诡辩而排除掉。要获取影响力，个人必须为自己着想，并被他人视作关注整个组织的最佳利益。正如期望少数群体成员为他们自己团体辩护的错误想法一样，其他董事会成员感觉他们对这种敏感问题没有任何责任，因为其他人被设想比他们更敏锐。这样的想法也是错误的。明确拒绝个人成员代表特殊选区的观点也很重要。

实现多样性不必牺牲基本的共同性。正如一位评论家所言：

"所有董事会成员都必须相信某些东西，否则董事会不可能正常运作。"为实现多样化而努力的最后结果却使相关人士产生挫败感，这样的例子比比皆是。在各种各样的背景、生活方式和话语模式的情形下，实际上不可能进行广泛、有重点的讨论，因为人们在这种情况下失去了耐心。

一个使得真正多样化的董事会能高效运作的切实可行的办法就是招募那些已经熟悉复杂董事会的工作及曾参与类似组织的领导层的人。一般来说，难以达到高效率的董事会成员根本不理解董事会如何运作、首席执行官承受的压力以及达成共识的必要等。肯定性行动计划的成功以及越来越多来自不同背景、经验丰富的合格候选人起到很大程度的帮助作用。

多样性并不仅是象征性的。选择舒适公司（Select Comfort Corporation）是一家经营床垫的公司，其所有的董事均为男性，尽管购买床垫的女性明显多过男性。不过，该公司也有不少女性工作人员。新上任的首席执行官/董事长威廉·麦克劳克林（William McLaughlin）决心解决这个问题。通过在 2002 年到 2004 年立即招聘三位女性董事，麦克劳克林解决了这个问题。一般，董事会需要听取并学习在不同环境下成长发展起来的人的经验。多年前，我的一位睿智的朋友就说过："如果我们身边的人都和我们类似，那么我们难以获得很大的进步。"

董事会成员的独立性

在营利性组织中，如今人们比过去更清晰地认识到真正独立的董事会成员的重要性。纽约证券交易所和纳斯达克证券股票注册的必要条件包括对独立性的详细定义，而且 ISS 更详细地定义了"独立的外部董事"。关键的区别在于内部董事与外部董事，及附属的外部董事与独立的外部董事。公司雇员包括首席执行官在内都是内部董事。附属的外部董事包括公司的前高管、雇员的亲属、为公司提供专业服务的人及那些由重要客户或供应商聘请的人。非营利性组织中收到公司赠款的受托人及雇员有时也被视为丧失了独立性。

特别是在大型公司，独立董事的人数正在增加。根据 2006 年斯宾塞—斯图亚特板指数，在 39% 的标准普尔 500 强公司中，首席执行官是唯一的非独立董事（该数据在 2001 年为 27%）。这些趋势代表了公司治理方面的改进，因为内部人士而不是首席执行官的存在可以抑制讨论。此外，内部人士必须支持首席执行官的立场，不能发表独立意见。我认为通过入选董事会的方式来"奖励"高级职员而不是首席执行官的忠诚尽责是一种错误做法（我自己也曾促成一个这样的错误）。当然，内部人士可以而且应该出席部分董事会会议，但仅在获得邀请的情况下。在非营利性组织中，从未出现内部人士而不是总裁或执行董事任职董事会的现象。

营利性组织中应用的关于独立性的机械标准提醒每个人，董事会个人对公司的作为与董事会成员的其他商业利益之间的关系可能造成尴尬现象，并导致客观性的问题。当然，附属外部董事可以，并且通常毫无疑问地超越潜在的冲突，并采取正直的行为。然而，人们越来越看重表象，特别是当表象阻碍了坦率讨论的时候。

然而，符合所有关于独立性的特定标准并不能保证真正的独立。在世界通讯公司中，两名董事会主要成员满足了当时的独立标准，而且极可能也满足了如今的 NYSE 标准，但是这两人最后都与世界通讯公司的首席执行官陷入商业关系，并且"欠很大一部分资本净值"。在其他陷入丑闻的公司中，比如泰科、安然及世界通讯，大多数董事会成员都仅属于表面上的"独立"。

正如一些拥有大量企业任职经验的理智的朋友们所指出的那

样："独立性并不是检查一些框框条条。这是一种心态，一种保持诚信、持有异议并大胆说出的意愿。"其中最严重的问题就是任人唯亲。摩根士丹利接踵而至的困难在很大程度上源于菲利普·帕塞尔"通过成立一个所有成员都来自帕塞尔先生生活居住的芝加哥地区或与帕塞尔先生有着这样或那样长期关系的董事会来保持其严密的控制"。如今，家得宝公司也明显出现相同的问题，有人批评说董事会中有一大帮"GE 亲信"；这个问题还导致了读者文摘的困境，其时我任职于读者文摘董事会。简而言之，董事会成员必须至少彼此之间保持独立，并保持其他方面的独立。

由于少见，最隐蔽的危险就是董事会中出于其他的忠诚考虑，大量成员之间关系密切，及与首席执行官关系密切。一位评论员称其为"强大的社会联系"，另一位称之为"俱乐部式"关系。我曾亲历这些关系导致的负面影响。

用迈克尔·布卢门撒尔的话来说就是：

"人们从某些类型的董事会服务中得到的荣誉感、声望及重要性不可低估。从普林斯顿大学的例子中可窥见一斑。许多任职于最有声望公司董事会的人们确实从中获得上述所说的那些……而且，还能帮助你成为 GE、GM、IBM 等公司的董事。这也意味着，一旦进入最负盛名的俱乐部名人堂，就不能再问一些讨厌的问题。你得故作姿态！但这样是很难受的（我太了解这点了）。而从中获得的那些荣誉感、声望及重要性等也正是人们坚持走下去的动力。"

这是一个棘手的问题，因为长期的来往及友情能够而且确实有助于组织的有效运作。人际关系往往使得人们在手头上的任务投入更多的时间和精力。朋友有时也更愿意及早提出难题，并比熟人更直接地给出批评意见，因为熟人可能担心他们的意见被误解或被人质疑动机不纯。无法合理地将人际关系作为对独立决策的一种潜在障碍。我曾多次受益于董事会成员的真知灼见，这些人同时也是我的朋友。正如美国银行董事长及首席执行官肯·刘易斯所辩称的那样，"和大多数想法一样，最好保持适度的独立性，对人际关系、新任领导和团队精神的尊重有助于董事会更有效地运作。"

所有参与公司治理的人都应公开明确地承认，在董事会成员与首席执行官之间保持适当的距离以及保持信任与合议之间存在着不可避免的紧张关系，必须达到一种理性的平衡。如果董事会成员同时保持支持及评判的需要导致了一些不安的话，任何人都不应感到惊奇或被冒犯，这是应该的。毕竟，这才是"董事面临的进退两难局面"的根本所在。

非营利性组织中也存在着独立性的问题，而且也同样令人不安。当我任职于史密森尼学会时，华盛顿的政治生活及社会生活明显使得一些董事难以表达他们对有些问题的真实想法。得罪与会者可能为直言不讳者带来麻烦。作为绝对的外部人士，我能畅所欲言，而不用担心给自己或与自己有关联的华盛顿以外的组织带来麻烦。时任史密森尼学会校长的首席法官伯格或其他任何人都不会因为我坦率说出自己的想法而惩罚我，正如我在好几次敏感时刻没有惩罚校长的惊慌失措一样。我愿意相信这种独立性增加了我作为董事的作用。

在其他非营利性组织中，董事会成员很容易建议他们公司为那些他们担任董事会成员的一贫如洗的公司提供商业服务，并且往往是最无私地提供服务。城市学院（Urban Institute）进行的一项调查发现，45%的年度预算达到4 000万美元或更多的非营利性组织报告说他们从与他们的董事会成员有关的公司中购买商品或服务，但是足足有1/3的交易并没有被其他董事会成员审查或批准。非营利性组织和营利性组织一样，他们的人际关系、社会或政治关系会影响他们的判断。而且，如提供服务的组织由一位董事会成员领导的话，也非常难以终止业务关系，比如说与货币管理公司的关系。

由于所有这些原因，非营利性组织现在比过去更有可能采取书面的标准，有时修改成适合他们自身情形的标准。为了进行说明，梅隆基金会的受托人们通过了一项关于"私人利益的表象"的声明。这项声明历经无数次修改并引发不少争辩。在要达成的目标上没有任何分歧，但很难找到能抓住讨论精神的措辞。我们谈论得越多，就越发认识到严格禁令弊大于利，尤其是当我们脱离纯粹的商业关系领域并进入捐款领域的时候。董事会本来可采取一项政策，阻止对以受托人为首的任何组织的捐款，但最后决定不采取这样的政策。

这种政策对于高等教育的基金会项目的隐意说明了这种政策看似不明智的原因。基金会一直有杰出的大学校长任职其董事会，这些人的指导有助于改造项目使其延伸至高等教育更广泛的领域。如果基金会未能给这些校长所领导的学院或大学拨款，他们将不得不辞职以保护他们的机构获得基金会支持的资格。其他校长出于同样的原因也不愿意上任，基金会将失去能提供好建议的人才。

还有其他方法来保护潜在的斗争，而不必削减董事会所需要的人才。本书下一章的主题就是适当处理冲突，以避免不适当地行使影响力。

第 7 章 董事会机制

除了能干的、尽职尽责的董事/受托人外，每个希望有效发挥作用的董事会（无论是在营利性组织还是非营利性组织中）都至少设有一个"机构"（结构和流程）。能干的成员、合适的机构及优秀领导层的适当组合将促进董事会健康蓬勃地发展。良好的治理取决于"整个体系而不仅是其中的各个组成部分"。

本章主要讨论了以下内容：委员会结构；董事会的审议与动态（包括秘密会议的作用、利益冲突的管理及对泄密的处理）；董事/受托人应/不应辞职；辞退失职的董事、应用任期限制及强制退休来促进董事会的重组；董事及受托人的薪酬；董事会评价。

委员会

一个精心设计的委员会结构对于董事会的有效运作至关重要，即使我们认识到董事会的规模将决定委员会的作用。大型董事会别无选择，只得通过委员会开展大部分工作；小规模的董事会可以更频繁地采用"整体委员会"的模式。私人控股的公司一般成立小规模的董事会，对委员会的需要并不像上市公司那样强烈。

大多数大型营利性公司根据章程设立的核心委员会有审计委员会、薪酬福利委员会及治理/提名委员会。与公共机构及国会/立法机构有主要业务往来的公司也通常设有公共政策委员会/社会责任委员会。大型非营利性组织越来越可能设置类似的核心委员会，部分原因出自监管环境的需要。如今，频繁出现的审计委员会最好地解释了这种趋势，只要能阻止官僚主义的倾向，而且不会滋生不必要的委员会，我认为这种情形就是完全健康的。在过去，即使一些大型非营利性组织董事会的委员会结构也往往太过随便。

营利性组织与一些非营利性组织的一个区别就在于对于执行委员会的典型应用。正如我们所看到的，非营利性组织比营利性组织更可能设立大规模的董事会。而且设有大规模董事会的非营利性组织往往依赖于执行委员会去处理至少一部分业务（有时是很多的业务）。在营利性组织中则正好相反，用一位评论员的话来说，执行委员会正变成"返祖"或"退化"的生物，原因有如下两个：

（1）如今，董事会召开电话会议变得很容易，每当出现重大问题时，全体董事都可能在定期召开的董事会议期间通过电话进行讨论。尽管其效果可能不如面对面的会议，但这种方法效果也可以出奇地好，特别是在相关材料已提前寄送，并事先做好充分准备的情况下（不会出现任何意外）。

（2）应真正关注的是执行委员会在共同商议及保持所有董事会成员重视感方面的影响。

我在美国运通的经验强调了第二种原因的重要性。在詹姆斯·罗宾逊的辞职与任命哈维·格鲁伯为首席执行官的过渡期间，董事会进行了一次失败的试验，成立了一个规模相当大的执行委员会与理查德·弗劳德（时任非执行董事长）及格鲁伯合作。我与公司其他常设委员会的主席在这个执行委员会中任职。执行委员会不明确自身应承担的职责，没有在其中任职的董事（几乎达到董事会成员数的一半）理所当然产生一种"无足轻重"的感觉。他们想知道，按照其中一位隐晦的说法，"我成什么了，半个董事吗？"全体董事并没有花多长时间就认识到这种安排造成的紧张局面，并认定大规模无组织的执行委员会容易造成不和。

在营利性组织中存在两个层级的董事会基本上不是一个好主意。我也质疑非营利性组织在何种程度上依赖于执行委员会作出实际应由全体董事会作出的决定。如果由于董事会的规模及很少召开全体董事会议，非营利性组织可采用一些机构使得执行委员会的模式变得民主化。特别注意应确保：（1）执行委员会定期向全体董事汇报；（2）受托人轮流任职执行委员会，以避免出现暂时的"超级董事会"。

除了核心的常设委员会，营利性公司及非营利性组织设立了更多的专门委员会。例如，由于集中的研究功能，默克公司设有研究委员会。获有可观捐款的非营利性组织及拥有大量资金来源的资助型基金会几乎总是设有投资委员会。高等院校一般设有学术事务委员会及学生生活委员会。可能还设有运动委员会和校友事务委员会。寻求捐助的非营利性组织往往高度依赖于发展（筹资）委员会。大型博物馆可能设有委员会负责买进及可能的交换业务。

和两种类型的组织都有关的一个问题是何时设立有时间期限的专门委员会。在普林斯顿大学，一个最重要的专门委员会就是男女同校专门委员会。如前所述，默克公司成立了一个专门委员会负责监督 VIOXX 开发及营销的独立调查。当需要寻找新校长的时候，高等院校几乎总是设立遴选委员会。根据不同的情况，公司还可以设立特设遴选委员会以协助寻找新的首席执行官。设立专门委员会特别有助于集中关注紧急的、至关重要的问题，但是不得过度依赖这些委员会。整个董事会应考虑组织面临的真正重要的问题，无论是战略上的、运作上的还是组织上的。

最后的观察直接导致一个基本原则：不管委员会的结构如何，都应向全体董事汇报，不应自行作出决定，除非在特殊情况下。一般来说，委员会应该收集信息和要讨论的问题，然后由全体董事采取行动。替同事做决定不是他们的任务。这一原则的例外情况包括在董事会议上设立专门委员会（如投资委员会）在其职权范围内采取行动，及设立执行委员会应对形式上的事务（如最后审查合同条款，批准任命等）。重申一下，董事会所有成员都应知晓每一个委员会的所有行动，并有机会参加政策问题的讨论。

在面临艰难抉择时，我怀疑大型非营利性组织董事会肯定频繁违反这一原则。威尔逊学院是位于宾夕法尼亚州的一所小规模文科女子学院，于 20 世纪 70 年代早期关闭。董事会中少数反对最初闭校决定的成员们批评了，据说允许一小群受托人成立执行委员会并与校长一致作出决定而无需在董事会整体进行实质讨论的做法。反对闭校的董事会成员声称他们没有真正的选择，只能批准校长和执行委员会已经作出的决定。同样引起争议的桥港大学（the University of Bridgeport）传奇事件最终被文鲜明（Sun Myung Moon）和他的追随者资助的团体"挽回"、"保释"或"兼并"（具体取哪种意思，全凭个人对各种意思的理解），据称，财政委员会和执行委员会作出借入大笔金钱的关键决定，然后在实际上已经不可逆转的时候，全体董事予以批准。

在营利性组织董事会中（正如我已经表明的，这类组织的执行委员会很少有机会发挥作用），逐渐由独立董事组成了所谓的三大委员会（审计委员会、薪酬福利委员会以及治理/提名委员会）全体成员。管理层和工作人员准备材料，仅在接到邀请的情况下参与讨论，并且不具投票权。独立董事通常单独会面，至少是组织部分会议。这些做法似乎一致，并且明显正确。不幸的是，特别是在提名方面，首席执行官有时超出权限地推动了这一进程，即使人们都认为至少在原则上独立董事会成员才是决策者。

委员会如何运作关键在于谁是领导者。我认为，董事会的治理委员会应在决定委员会的任务方面起决定性的作用；应咨询首席执行官，但他或她不应起支配作用。如果董事会设有单独的非执行董事长，则非执行董事长应主要负责决定委员会的角色。委员会主席的人选很重要，特别是在薪酬委员会中。一位评论员曾沮丧地指出，他曾在一个董事会任职十多年，但一直都是同一个人担任薪酬委员会主席，其行为方式可得到预测：

> "他防止高层官员激增的能力和公司在某个给定时期的运营好坏完全没有关系。当公司运营顺利的时候，董事长（首席执行官）必须得到奖励；当出现灾难时，必须保持他的士气（情绪低落等）……我猜想，营利性公司的规则就是首席执行官应找到能有所指望的执行委员会主席，然后坚持这个选择。"

虽然很难找到证据证明，但我不太怀疑这位评论员对标准做法的评论。对待高管薪酬的态度正在改变，人们更加重视薪酬和业绩的关系。不过，还是必须避免首席执行官与薪酬委员会主席之间过于亲密的关系。

一个更普遍的问题关系到主席的轮职及大体的委员会任务。尽管我赞同轮职的观点，但一些不好的体验告诉我对于这种"原则"的考虑过多。现实情况就是一些董事比其同事更善于处理某些职能。由于一个抽象的承诺，在不合适的时间将不合适的人安排在不合适的职位上就是一个错误。由一个完全不懂财务、但拥有敏锐嗅觉、愿意竭尽全力确保合理判断的人领导审计委员会恐怕就是一个最好的例子。

最后，任职委员会不应占用董事/受托人过多的时间，这样就限制了全体董事讨论实质性问题的机会。如果审计委员无比仔细地检查组织每个活动的每个细微之处，就尤其有可能出现占用时间过多的问题。需要节约时间考虑那些由董事会集体决议的大问题。私人控股的公司非常明白这一点，他们的董事会不会在不必要的委员会会议上浪费时间。代表这些公司发起人的董事会成员定期与管理层互动，他们往往起试探的作用，但是他们不受精心设计的委员会结构强加的定期时间表的约束。

董事会的审议与动态

召开董事会会议是至关重要的。我所视为明智的道路规则就是规范化程序及直觉的结合体，这种直觉就是如何促进真正讨论、鼓励诚实表达不同的意见，然后紧密团结或者寻找处理大到无法连接的裂痕的可接受办法。董事会需要处理冲突，每个董事会成员需要知道何时辞职。

董事会成员应该以合理的频度会面，董事会议程应留有足够的时间讨论最重要的问题，然而，不存在什么法宝能将这些观点转化为具体的会议次数或具体的时间分配。每年召开董事会会议的次数，应取决于对委员会的利用及董事会在等待相当长的时间后再采取行动的后果的严重性。召开会议的次数不能太少，否则董事会成员都忘记了上次会面讨论的事情，而且也无法获得合作的经验。

坚持充分理解董事会定期会议的时间表还为工作人员提供了工作纪律。正如理查德·莱曼基于其在斯坦福大学和洛克菲勒基金会任职的经验所指出的那样：

> "我过去常想召开董事会会议的主要好处就是迫使工作人员去做准备；预测问题、澄清思想。如果我在会议召开前一两天取消了会议，我们都会有大量盈余时间，很多人甚至保全了旅行时间等。当然，如果我们经常这样做的话，将没有人相信我们真地确实打算召开会议！"

　　我很难想象在营利性或非营利性组织中一个高效的董事会一年会面不到 4 次，尽管有人告诉我在非营利性组织中有时一年会面 3 次就足够了。在两种类型的组织中，会面频度取决于组织的规模及性质。对于大型复杂的公司来说，一年会面 8 到 10 次似乎是合理的。世界通讯公司的董事会因为会面过少（一季度 1 次）而受到批评，而且即使召开会议也是敷衍塞责；根据布里登报告，审计委员会"每年仅花费 3 到 6 个小时监督收入超过 300 亿美元的公司活动"。在非营利性组织中，每年召开 3 到 4 次会议是可取的，如果该组织为初创组织，遇到的问题都能很快解决；Ithaka 就是一个这样的组织。董事会电话会议有时能代替面对面的会议。

　　董事会也可频繁召开会议。过多的会议使得董事或受托人像管理人员或工作人员一样开展工作，但同时阻碍了理想的候选人任职董事会。这些情形中的因果关系并不总是很清楚，因为积极表现的董事会成员迫切要求召开更多会议及持续时间更长的会议。一位同事曾指出，投入时间过多的受托人和投入时间过少的受托人一样使人困惑。她发现空闲时间很多的受托人有时不能理解正在工作的人员的时间压力，因此导致工作人员时间的错误分配。

　　关于时间的问题经常反复出现，如需要多长时间、如何最有成效地利用空闲时间。一些评论员已提出建议，董事会应预留足够的时间让董事们考虑重大问题。一所主要研究型大学的主要董事解释说，通过给予足够的时间进行反复思考，他的董事会寻求达成"滚动共识"，有时需召开好几次会议及花费数个月的时间。再处理的方法使得董事会成员有机会轻松地讨论长期的发展方向。

　　董事/受托人应投入的总时间应该与下列因素一起权衡：董事会判断聘请繁忙候选人的能力、如何召开董事会会议以及在会前提供给董事会成员的各种资料。面临的挑战就是为小团体的对话提供足够的机会并为个人提供充分的发言机会，按一位学院受托人的话来说就是"畅所欲言"。

必须很好地利用董事会会议的时间。有效利用时间需要周到地考虑董事会日程并为会议做精心准备，提前寄出书面材料。应通知董事会成员将涉及的主要话题以便他们做好心理准备。还应尽一切努力避免让董事会成员感到意外的事情。而受托人们必须告知总裁他们与其他职员或受托人讨论的结论，以免出现猝不及防的情况。避免意外的相互努力有助于建立信任感。尽管有了这些告诫，但还是不断出现让总裁和董事会成员感到意外的情形。偶尔的这种疏忽让人难以接受，而故意的疏忽则更不可能得到谅解。

在构想议事日程时，要考虑的事情远非确保会议中不仅只有一些例行报告这么简单，尽管这也是一个难题。应该假定董事会成员查阅了预先分发的材料，应尽一切努力避免"展示和讲述"，这样的陈述会让大家觉得无聊，感觉是在浪费宝贵的时间，甚至有时看起来就像故意阻扰讨论其他事项。正如一位评论员所指出的：

"操控的欲望，甚至往往带领董事会同仁从讨论转到宣读预先提供的材料，这简直让人发疯。在很多情况下，预先准备的陈述只是让紧张的业务部门经理或工作人员放松，而不至放弃。仅仅宣读材料的话，不仅浪费大量时间，而且还向董事会成员传递了一个信息：不必事先查阅这些材料，因为这些材料会在会议上大声宣读。据我的经验，这种模式只会被反复指导并最终建立一种行为得到认可的文化粉碎。"

我赞同泰勒·雷弗利的建议，他指出董事会成员自身应积极参与构想议事日程。雷弗利的这个建议就是每位董事/受托人列出他或她认为一年内将需要面对的问题。集中这些列表上的问题，并确定出关键的主题，然后制订计划有序地讨论这些主题。高效的治理委员会能协调这一过程。董事会应按照类似的方式制定董事会日历，有序计划每年涵盖的议题。私人控股公司能更容易地集中在真正重要的实质性问题上。正如一位评论员说的那样，他们能投入较少的时间处理问题，而主要侧重于企业战略、财务计划（及结果）、组织及人员。

在完善的议事日程及日历所建立的结构中，应鼓励真正公开的讨论。无论多么善于准备材料及安排会议，随后进行的讨论的质量才是最重要的。主持会议的方式及关键董事会成员直接提出问题及检验想法的能力与意愿，会极大地影响讨论的质量。首席执行官/总裁必须乐于接受不同的观点，并注意避免让针对实质性问题的辩论带上评议首席执行官领导力的味道。目的就是交换意见，甚至对一个复杂问题产生新的、令人满意的理解。

普林斯顿大学受托人们关于男女同校的考虑就解释说明了这种方法。校长罗伯特·戈欣请哈罗德·黑尔姆（Harold Helm）担任专门委员会的主席，负责研究问题。哈罗德·黑尔姆是一个颇受尊敬的董事会成员，自称对普林斯顿大学男女同校持怀疑态度。其结果是开展了一个内容广泛的讨论及一个范围广泛的讨论，两者都反映了各种不同的观点。最后，黑尔姆委员会认可了戈欣校长支持男女同校的建议，并获得受托人们的批准，但仍有8个反对票（总票数为32）。董事会并没有试图强迫董事会内部达成一致意见，因此整个过程给人一种合法的感觉，体现了相互的尊重，而且在此决定之后没有受托人提出辞职。

在这种情况下，普林斯顿大学董事会认识到（或再次认识到）仔细研究敏感问题的所有方面的好处。其中有个小的插曲：哈罗德·黑尔姆有一个哥哥也在普林斯顿，并强烈反对男女同校，即使在哈罗德及其委员会已经认可了男女同校的决定之后，他也保持同样的态度。当哈罗德的妻子玛丽·黑尔姆被问及这俩兄弟在很多方面都观点一致，但是在男女同校问题上的观点却大不相同时，玛丽简单地回答说："哈罗德只是研究这个问题。"这种入微的观察力值得永远学习！

我发现有些董事会领导者是无法替代的，他们彼此之间以及与首席执行官/总裁之间意见不一致，但其并不被人讨厌，且能有礼貌地进行辩论。幽默感及随时的微笑对其非常有帮助。当然，即使拥有这些品质，也不能随时都保持这些品质。卡莉·菲奥莉娜和惠普董事会之间由于菲奥莉娜被解雇而达到顶点的严重分歧就是恰当的例子。在其所著的《艰难抉择》一书中，菲奥莉娜开篇就这样描述了她在惠普的任期：

最后，董事会没有足够的勇气面对我。他们不感谢我，也不说再见。他们也没有对他们的决定或推理作出解释。他们没有征求我的意见或要求我参与任何方面的过渡。

在本书的其他地方，卡莉写道：

"一些董事会成员的行为是不专业、不成熟的。有些成员不认真考虑问题，有些成员在某些议题上固执己见，完全不考虑他人的意见。"

我无法判断这种情况的公正性，但是我能证明当罗宾逊的地位受到质疑的时候，美国运通董事会也遭遇困境。然而，在那种情况下，不同意见后来得到解决，现在美国运通董事会运作得非常好。

在反映董事会动态方面，最后还有一个需要注意的普通事项。任职于布兰代斯和洛克菲勒大学董事会的罗恩·丹尼尔认为会议的自然设置比大多数想象的设置更重要。如果董事会成员必须围坐大桌开会或在宽阔到需要使用扩音器的空间中开会的话，就非常难以进行真正的讨论，需要专为舒适交流而设计的空间。如果有另外更合适的会议地点的话，有时抛开在"董事会会议室"开会的传统是明智之举，尤其当会议目的就是鼓励整个委员会都参与的针对大型专题的开放式讨论时。

秘密会议

过去十年，董事会运作中最重要的变化之一就是频繁召开秘密会议，特别是没有内部董事包括首席执行官/总裁出席的会议。我认为例行召开这类会议是一种早该有的健康发展。召开秘密会议是理所当然的，并不会导致尴尬、"特殊"或不必要的恐惧。至少，主持秘密会议的人能直白地问："有没有人能提出我们现在应该讨论的问题?"会议的领导者也可更主动，例如，列出最重要的问题并制定讨论的框架。如果处理得好的话，秘密会议能鼓励董事及受托人更坦率地表达担忧，并同时减少愤恨不满及苦苦思索想象的问题。

然而，正如几位评论员已注意到的那样，秘密会议也存在坏处。应避免召开秘密会议来继续讨论那些需要首席执行官或总裁参与的议题，这样的讨论是效率低下的，并可能打扰首席执行官或总裁。同样，召开秘密会议时，董事会应避免在管理层及工作人员还没有机会作出评价之前就过早地进行总结。

一般来说，召开秘密会议的方式必须让首席执行官/总裁感到满意。首席执行官/总裁出席会议的第一部分，在董事会讨论结论之后提供及时反馈。一些董事会倾向于让非执行董事长或主要董事进行反馈;其他的倾向于让更多董事参与以减少错误传达的风险。另外一个方法就是邀请首席执行官/总裁返回会议室，以便当着所有董事会成员的面询问执行情况。所有这些办法都是有效的，但是需要根据具体情况加以调整，包括正在讨论问题的性质和相关成员之间的关系。一个关键要求就是反馈必须是准确无误的。未能告知首席执行官/总裁存在的利害关系将会导致很大的损害。

但在非营利性组织中却很少召开秘密会议。一位有经验的受托人说她继续逼迫她所任职的董事会在每次会议时召开没有总裁参与的秘密分会。她报道说当引入这种做法时，董事会成员常常感到有新的做贡献的机会，有时还能获得新的信息。将秘密分会作为每次董事会会议的一部分的做法并没有引起争议，正如这位受托人所指出的那样："这有可能是近年来许多非营利性组织董事会的最重要变化。"

处理利益冲突

董事会互动讨论的质量还取决于董事会如何成功地处理利益冲突问题。当那些固有的冲突被预先确认时，董事会可以通过不筛选成员来避免一些更明显的潜在难题。在营利性组织中，设有避免冲突（例如，个人与竞争者或主要供应商的冲突）的标准，这些标准被定期核查以审查董事会候选人的资格。

在高等院校中，我仍怀疑选择目前的学生或教职员工进入机构受托人委员会是否明智。当学费等问题增加及讨论教职员工的薪酬政策时，选择这样的人会导致明显的冲突。而且，无需面对这些冲突问题，通过选择近年的毕业生及在其他机构任教的教职员工也可能获得这些有价值的观点。在董事会与机构各种支持者之间需要有效沟通的渠道，但我认为利用董事会席位来达到这个目的不是正确的方法。让目前的学生或现任教职员工代表他们的支持者由于超出了冲突问题的范围，这种做法也很拙劣。例如，当教职员工在某个问题上的个人观点不同于大多数教职员工的官方立场时，这名教职员工应怎么做呢？

刚才讨论的那个例子似乎相对简单，但并非总能预测利益冲突。当 TIAA 的一名受托人与 CREF 的一名受托人出售一种旨在帮助外部审计师严格评价股票期权价值的产品时，TIAA – CREF 遭遇了一段痛苦的经历。我们这些任职 TIAA – CREF 监督董事会的人很难理解为什么会出现这种情形，因为冲突是显而易见的。同样难以理解的就是为什么涉及的审计公司（安永公司）如此迟钝地认识到这个问题。监督董事会预期与 TIAA 和 CREF 各自的董事会合作，授权尼古拉斯·卡岑巴克调查这一奇怪事件。最后导致冲突的这两位受托人都辞职了。卡岑巴克得出结论认为，TIAA – CREF 太过依赖安永会计师事务所来处理这个问题，并太过缓慢地开展自己的调查。还有内部沟通的失败加剧了 TIAA 和 CREF 受托人、监督者、高级职员和工作人员之间的矛盾。

　　犯过错误后，也承认了错误。两个正面的结果就是：（1）认识到当出现潜在问题时，更及时地交流信息的必要；（2）TIAA 和 CREF 受托人及监督者更明确地理解各自的角色。我认为这些结果已帮助董事会改善提高。

　　正如第 6 章所述，非营利性组织中可能比营利性组织中更频繁地出现独立性问题及如何处理利益冲突的问题。如何公开处理这些问题及董事会有多擅长处理这些问题会影响董事会互动交流的质量，因为潜在的冲突很难避免。确实，试图消除所有潜在冲突降低了组织实现他们基本目标的能力。查尔斯·埃克斯利曾指出，没有任何潜在冲突的董事会成员可能缺乏成为高效董事或受托人的知识与经验！

　　下面举一个具体的例子。斯坦福大学校长约翰·L. 轩尼诗（John L. Hennessy）深深扎根于硅谷，他与谷歌和思科等企业实体的关系势必带来难题，因为斯坦福大学也与这些公司来往密切。然而，轩尼诗的关系被完全披露，而且斯坦福大学也采取各种各样的保护措施阻止问题的发生。斯坦福大学在解决这类问题（当然包括教员及行政人员）上的道德守则，明智地指出这种冲突是"现代研究型大学普遍但实际上又是不可避免的"。

此外，并非总是很容易得知一种情形何时代表着真正的冲突。例如，梅隆基金会负责创建 JSTOR，它是如今一个非常成功的非营利性组织，完全独立于梅隆基金会，运用数字技术提供超过 650 种学术期刊过刊的搜索。学者和学生可在全球 100 多个国家超过 3 500 个图书馆使用这个数据库，包括超过 2 000 万页的内容。采取风险慈善家代理的模式，基金会为 JSTOR 提供了启动资金、董事会领导层及接入口。这些相互作用创建了一个有冲突的关系网，但是所有这些都是 JSTOR 创建及随后取得成功所必不可少的，所有这些都完全服务于该基金会慈善性质的使命。

两份综合报告（一份侧重于高等院校董事会，另一份涉及广义上非营利性组织中的治理问题）中指出，现在很多非营利性组织以精心制定新的政策处理潜在的冲突及其他行为问题。对种种冲突可能性的关注可能过多或减少，但我深信直截了当声明基本原则有助于非营利性组织董事会更有效地合作。例如，史密斯学院有一个精心制定的应对冲突的政策，侧重于披露并取消参与某些讨论的资格。

机密及对泄密的处理

超出单纯意见不同的纠纷会对董事会的动态造成巨大影响。正如乔安·卢布林和艾琳·怀特在《华尔街日报》一篇文章中说的那样："专家们认为一些争论是健康的，但提出警告，董事会必须学会建设性地处理意见分歧或变得不正常的风险。"文章中引用了惠普公司董事会的经验作为主要的例子。董事会关于战略方向的机密讨论被泄露给媒体，这种违规导致对泄密源头的有争议调查，涉及未经授权接触董事和记者的个人电话记录。当公开这种极不寻常的调查结果时，引起了尖锐的批评及一轮国会听证会。最终，惠普董事会主席帕特丽夏·邓恩及惠普前工作人员与外部调查者因为"利用虚假或欺诈手段从公共事业机构处获得机密信息、未经授权访问计算机数据及共同谋划所有这些罪行"而被起诉。随后，由于没有犯罪意图，美国加州法院撤销了所有刑事指控。

关于机密信息的泄露，一些评论员同情邓恩对此的愤怒，但又对惠普董事会处理此事的方式感到莫名其妙。正如一位经验丰富的总顾问（在一次私人交谈）中所说的那样：

> "如果董事会将调查董事会成员的泄密事件，它需要董事会事先全体认同。每个人都必须理解将要发生的事情，同意进行调查，商定调查方式，可能志愿地交出个人电话记录，并对后果达成一致意见。也就是说，如果某人被发现泄密，则此人必须离开董事会。"

显然，惠普并没有达成这些。虽然对于通过"借口"（装作其电话记录被寻找的人）获得电话记录的各种权限的合法性仍有争议，但似乎已作出极其糟糕的判断。

沃伦·巴菲特被引用的颇有争议的观点是有时泄密是"正确的行为"。用他的话说："在试图说服他的同事后，一位不幸的董事应自由地把他的观点告知所有不在场的人。"但巴菲特也赞同，有些事情不应该被泄露，比如新产品及新战略。关于惠普事件，巴菲特总结说："泄密问题充其量只是可疑；间谍充其量只是犯了普通的错误。"

当在普林斯顿大学董事会负责某受托人在越南战争紧张时期泄密的会议时，我曾有过一次较为痛苦的经历。某位有争议的人被指定接受一个荣誉学位，而该受托人涉嫌在这个人（乔治·舒尔茨（George Shultz））有机会决定有否接受该荣誉学位之前泄露了此人的姓名。董事会成员被激怒，我告诉该受托人我对泄露事件的失望以及我在董事会会议室讨论该机密时我的强烈感情。我觉得作为董事会我们不得不决定我们将如何操控。如果泄露被看作可以任何方式接受，我将根本无法像我过去那样公开讨论私人问题及其他敏感问题。董事会作为一个整体和每位受托人一致重申遵守保密原则。幸运的是，在我任职普林斯顿大学期间再也没有出现违反原则的事件。后来，几位受托人评论了直接考虑问题对董事会发展的积极作用。

TIAA‐CREF 出现了一个略微不同的问题。监督者作为一个团体并没有在利益冲突被公开并汇报给美国证券交易委员会之前获知这一情况。为回答记者的直接询问，另外一位监督者阿瑟·莱维特（Arthur Levitt，美国证券交易委员会前董事长）和我公开确认我们没有被告知这一情况；我们还指出我们强烈感受到所有监督者应及时被告知这一情况。TIAA‐CREF 的首席执行官及监督董事会的董事长承认存在严重的沟通失误，而且在他提交给监督董事会的报告中，尼古拉斯·卡岑巴克也赞同，在当时的情况下，我和莱维特难以拒绝回答我们是否获知这一情况的询问。虽然并非每个人都同意我们的立场，但被 TIAA‐CREF 参与者批评后，我们大胆说出实情的意愿增加了他们对监督董事会的独立性与诚信的信心。我认为，直接讨论冲突问题及与在 TIAA‐CREF 治理机制中监督者角色相关的问题，使得监督者未来的工作更有效率。

何时辞职是正确/不正确的

董事会试图就问题的结果达成一致意见，但这并非总是可能的。当存在不可调和的分歧时，董事和受托人必须决定他们是否应该辞职。决定往往就是一种判断，并最后成为个人的信念；然而，一般情况下，我认为意见不一致的董事/受托人应试图说服自己继续留在董事会。被迫达成的一致意见不值得推崇，而且董事会往往受益于对复杂问题的持续讨论。我在前文已经提及过普林斯顿董事会八位投票反对男女同校的受托人继续留任董事会的例子。他们随后参与招生政策及本科院校规模的讨论表明董事会中存在多样化观点的价值。男女同校的实际情形也令人鼓舞，取得了非常好的结果，这使得原来持不同政见者承认董事会的决定是正确的。多年后，一位受托人对我说，他相信每位受托人都应有权改变已经投出去的选票，如果他当时有这个权利的话，他将转而支持男女同校。

这些可喜的结果并不常见。受托人和董事强烈感受到某种问题，他们认为没有解决办法，因而只有选择辞职。当汤姆·帕金斯（Tom Perkins）选择辞职以抗议对董事会泄密事件的调查处理时，这种情形曾在惠普公司发生。正是帕金斯的辞职以及 SEC 对此事的报道使得关于泄密及间谍事件昭示天下。在美国运通公司，势均力敌的选举后罗宾逊继任董事长，戈卢布当选首席执行官。首当其冲试图将罗宾逊排除在这两个职位之外的董事会成员罗利·华纳辞职，离开董事会。我试图说服华纳继续留在董事会，但他坚信他想要推翻罗宾逊的努力彻底失败，他应该辞职。在某种程度上，他希望公开表达其强烈认为有彻底重组美国运通领导层的必要。他还认为他继续留任董事会会对建设性讨论公司的未来发展造成更大的困难。回顾过去，我认为鉴于这些情况，华纳选择辞职是正确的。正如华纳当时指出的，他已经发挥了他认为自己必须发挥的作用，他相信是时候让他和罗宾逊继续往前走了。

时任美国运通董事的我也反对罗宾逊继任董事长（尽管我支持戈卢布当选首席执行官），但我决定继续留在董事会。与赞同我的观点的其他董事一样，我的推论就是这出戏还没有结束。我觉得一些持不同政见者可能会促进领导层的进一步改变，而这种改变，如前所述，仅在一周之内当罗宾逊辞职以应对各方激增的压力时发生。美国运通董事会秘书史蒂夫·诺曼随后指出，在"先后"之间需要架设一座"桥梁"，如果所有持不同政见者都离开董事会将是一件不幸的事。

我在另一个情况下作出了相反的决定。由于未能说服我在读者文摘协会董事会的同事，使其认同需要作出方向上的改变并出售公司时，当其他董事不赞同我的观点并决定邀请前董事长兼首席执行官乔治·格鲁内返回董事会时，我选择了辞职。其时，我在董事会上告知我的同事们，我经常发表这种让自己及同事厌烦的有关战略方向的讲话，说明我已不能作出更多的贡献。此外，只有我离开董事会，不再提出新的想法，才能让格鲁内公正地重返领导席位。当时，公司无须告知美国证券交易委员会有关董事辞职的原因，因此我辞职的原因并没有公开。如今的萨班斯—奥克斯利法案要求将我辞职的理由呈报美国证券交易委员会，而公开这种理由可能引发投资者对读者文摘更多的争论。

最后通过提及我的另一段经历来结束关于何时辞职的讨论。我在任职9年后于1975年辞去丹尼森大学受托人委员会的职务。辞职的原因并不是因为意见分歧，而仅仅因为我觉得自己任期太长了。我认为我的离开可能鼓励董事会招聘新的人才，带来新鲜的观点。当米歇尔·迈尔斯出任校长后，我在辞职17年后重新加入丹尼森大学董事会，我非常高兴看到董事会变得更强大了。我想我先前的离开至少在引进新鲜领导力量方面发挥了作用。

在回忆反思我的及他人的种种经历时，我认为有关一个人继续任职董事会的任何决定都应取决于：（1）离开或留下对董事会可能的影响；（2）董事或受托人与其他董事会成员及总裁或首席执行官有效合作的能力；（3）对个人能否继续提供有用观点的能力的自我判断。

失职的董事会成员、任期限制及强制退休

为实现有效的运作，董事会必须考虑如何进行重组。董事会不能依靠董事和受托人一个一个地自行决定什么时候退休。公司董事会和非营利性组织董事会一样，都面临着反复出现的如何取代无作为或任期过长的董事的问题。至少，未能满足一定出勤要求的董事不应继续留在董事会。美国证券交易委员会要求公司公布那些出席董事会会议及相关委员会会议不到75%的董事的姓名，并要求非营利性组织董事会同样严肃地监督受托人承诺的兑现程度。

然而，仅靠出席率不能衡量董事的表现。更换未对董事会工作作出贡献的董事或受托人几乎也是理所当然的事情。需要加上限定词"几乎"，因为在许多情况下，礼仪及习惯阻止了补救措施。一种方法就是要求每个董事会成员进行自我检讨，这样有助于判断他们是否适合续任。经验丰富的董事会成员认为，鼓励自我评价的措辞巧妙的信件及交谈能达到特别好的结果。在企业界，董事会往往侧重于个人的变化。只要出现了变化（例如，董事更换休假、地域上的重大变化或被原先雇主解雇甚或起诉），董事会就期望此人提交辞职书，之后由相关委员会审议。

集体合议的重要性使得订立与实质表现相关的严格标准变得更加困难。董事会的每个成员是否都认真思考问题、提供意见及共同承担作出决定的责任？或者是否有董事会成员扰乱造成分裂？如果这种造成分裂的人没有继任，董事会的运作是否会好转？近年来，我发现人们愈发愿意采用更严格的标准，但很难说董事会已经很好地处理了这个问题。一位评论员异常直率地说："董事会应该审查董事们的表现并辞退那些需要被更换的董事，否则就是不可饶恕的。"

由于这些问题都是悄无声息处理的，所以很难知道这是否得到了公正的评价。有必要对多余的董事及持不同意见的董事进行区分，因为后者是非常有价值的董事会成员。董事会必须积极维护持有异议的成员及自由思想家，设想这些成员能尊重董事会程序及同事们的意见，但是董事会不应容忍董事们的不当表现，更不必说一些破坏性行为。

关于"董事会不能辞退那些需要被更换的董事"的断言并不符合所有组织的实际情形。我任职过的营利性及非营利性组织董事会都曾出现过终止董事会成员任期的现象。有一次，一个非营利性组织董事会辞退了一名没有做出任何贡献的成员。还有一次，一位非营利性组织董事会的成员与总裁及董事会其他成员在某个关键性问题上产生激烈争执，最后董事会要求该成员辞职。另外，在一个营利性组织中，董事会成员的健康状况决定了其是否能做出充分的贡献。而且，倔强的、阻碍有序讨论的董事会成员也被要求离职。我同意拉里·博西迪的说法，他认为："你根本不能容忍一名糟糕的董事，因为他的行为影响了其他所有人。"

从公司治理的角度来看，应由董事会代表，而不是总裁或首席执行官，与存在问题的董事会成员谈话，并解决问题。这是一个重要的但往往又被忽视的过程。首席执行官为董事会服务；董事会不必为首席执行官服务，因此要求首席执行官处理棘手难办的辞职问题是不合适的。所有这类情形中，我曾参与的过程包括如下方面：首先，与董事会其他成员进行一对一的非正式交谈，以确定他们是否一致赞同即将采取的行动及采取的行动是否有适当的理由。然后，作为上述三个例子中相关董事会的委员会主席，我与被要求辞职的成员进行了坦率的交流。这些沟通交流并不像人们想象得那样困难。当出现真正的难题时，涉及其中的成员往往认识到了问题，甚至接受有尊严地悄悄离开董事会的机会。

　　必须注意的是，严格审查成员的表现可能无法总能提供足够的候选人以保持董事会的"新鲜血液"。理查德·布里登关于世界通讯的报告中强有力地指出"无人员更替的董事会可能是危险的"。然而，他接下来提出的这个方法我认为是不明智的，也是行不通的。他提议，应该要求董事会每年至少筛选一名新董事，如有必要的话，通过抓阄的方法决定哪些在职董事应退位，为后来者空出席位。在我看来，更好的方法就是制定具适当程度灵活性的任期制度或任期限制。任期限制有助于选择相对年轻的成员，而无需担心有的成员几十年不间断地继任。

　　高等院校在此类安排上经验丰富。一种模式限制"特许受托人"至多十年的任期，并要求任期达到十年的特许受托人在离任一年后才有再次参选的资格。我越来越倾向于认为，这种做法或稍加变化的这种做法，也有利于营利性组织的发展。比尔和梅林达盖茨基金会首席执行官、亚马逊董事会成员帕蒂·斯通塞弗（Patty Stonesifer）曾指出，任期过长使得董事们难以履行监督职能。因为多年的任职后，他们与管理层（也有人称之为"特别延聘者"）关系密切，因而也变成了需要被监督的群体。萨姆·萨克斯（Sam Sachs）曾让任期长达 25 年甚或 30 年的董事领导博物馆董事会。在对此事的反思中，他也表达了和斯通塞弗相似的想法。

　　未能找到一个有助于解决超大型非营利性组织董事会成员更替的有效机制。超过 50 名成员的董事会的董事长认同其董事会确实规模过大，但又解释说由于对能筹集资金的新成员的紧迫需要，董事会不得不添加新成员。缺少辞退成员的机制使得董事会付出高昂的代价招募新成员。

　　然而，正如一些评论员所指出的那样，任期限制也有其不足的地方。我们都知道，任期过长的董事能在关键时刻发挥其丰富的经验及展示领导才能。在美国运通，罗利·华纳任职大约26年，他的立场及对公司的深刻了解极大地帮助其当选新任首席执行官及在董事会内最终解决分歧。严格的任期限制对于拉动力不如普林斯顿的小型董事会及非营利性组织董事会尤其不利。这样的董事会需要抓牢其董事会成员，因为失去他们将导致董事会受到极大的损失。

需要根据一个组织的特殊情况及能否获取重组董事会的其他方式来评价任期限制对重组董事会的作用，还必须谨慎考虑过渡的影响。考虑采用任期限制的组织应谨慎逐步地制定新政策以防止董事会管理层的突然变化而导致的干扰。一如往常，避免采用严格机械的方法解决复杂问题、关注背景情形与时机以及运用常识是明智之举。

在规定的年龄强制退休是处理这些问题的传统方法。我赞同这种方法，即便我认识到这种方法并不总能保证成员更替，这同时也是我之所以相信各组织应考虑强制退休与灵活任期限制相结合的方法的原因。在美国企业界，规定有强制退休年龄的标准普尔500强公司从2001年的58%上升到2006年的78%，同时，强制退休最常见的年龄从70岁延迟至72岁。这些"方向性变化"都看似合适。

关于强制退休的长期争辩一直围绕着为什么要强迫年届72岁但仍贡献突出的董事退休这个问题而展开。我觉得我在两年前找到了这个问题的最佳答案。当我还是普林斯顿大学经济学专业的研究生时，我曾学习了一位最伟大的经济学家雅各布·瓦伊纳（Jacob Viner）教授的经济思想史这门课程。由于当时对一定年龄的教员强制退休的规定（不再有效），瓦伊纳即将退休。我鼓足勇气拜见瓦伊纳教授，向他抱怨未来的学生毫无理由地被剥夺了向他学习的机会。瓦伊纳递给我一个犀利的眼神，笑着对我说："鲍恩先生，你所说的大部分都是事实，但是你的结论是错误的。你说得对，我现在处于学术的巅峰，我比其他同事都更出色，普林斯顿大学以后的研究生都不再有向我学习的机会。但是我了解我的同事们，他们都是非常优秀的、有同情心的人。他们不会认为我与那些十年前就本应退休的人有任何区别。要么我们所有人都离开，要么我们所有人都留下，但是前者好过后者。"

后来，瓦伊纳应邀执教哈佛大学、牛津大学及其他大学直至去世，所以他的学生并没有被剥夺向他学习的机会。但是普林斯顿大学的教职员工受益于强制退休带来的人员更替的好处，市场竞争保证了只有那些最出色的教师才能获得其他有吸引力的机会。

惠普董事会遭遇的难题生动地解释了在强制退休规定外经常作出的例外之举中固有的危险。惠普董事会一位看似异常坚强的董事汤姆·帕金斯在超过退休年龄之后仍留任董事会并发挥很大的作用，一年又一年为帕金斯打破规定很可能归因于帕金斯个人的权力意识及惠普董事会在试图合作方面碰到的难题。最终，惠普完全放弃了强制退休的规定，并承认这种规定不奏效，但肯定是一种用于解决问题的办法，只是这个办法还存在疑问。

董事及受托人的薪酬

我们现在开始讨论有时令人苦恼的关于董事会薪酬的问题。在企业董事会中，董事的薪酬应反映任职营利性组织董事会涉及的职责，而且还应足够高以吸引所需的人才。一些人认为，任职企业董事会的薪酬并没有充分认可所需的时间承诺及接受的责任。然而，我怀疑薪酬水平在决定大多数企业董事任职意愿方面的关键性。我认识到，合理的薪酬水平对于招聘学术领域及其他薪酬较低领域（正如我所获得的）的董事非常重要，最好是让这些人任职于企业董事会中。现行的薪酬水平为大型公司董事会平均薪酬约略高于每年 20 万美元，我并不认为这个薪酬水平过低。

事实上，过高薪酬可能诱使董事们"无所作为"，避免因为得罪首席执行官或其他强势的董事会成员而危及自身的董事职位。迈克尔·布卢门撒尔曾称那些仅出席会议就获得薪酬的董事为"饭碗董事"。在某些方面，薪酬的形式和薪酬的高低一样重要。我仍相信，应以公司股票的形式支付董事的高薪，并且要求董事持有那些股票直到退休。一项重大的改革将营利性上市公司董事的大部分薪酬改成所任职公司股权的形式，正如如今私人控股公司中的董事所获得的薪酬那样。

令人惊讶的是，非营利性实体受托人的薪酬是稍微更加复杂的问题。我的观点可能打破了旧有的习惯，认为此类组织中的问题就是在某些情况下有形的薪酬太少而不是太多。可以预见的是，偶尔会出现引起义愤的事情，包括 Bishop Estate 支付给受托人们有时超过 100 万美元的年度薪酬，直至 1999 年因国家干预才停止。更普遍的模式就是非营利性实体的董事完全没有任何报酬。我们应认真考虑这种传统是否在任何情况下都是可行的。

薪酬问题引发了有关任职非营利性组织董事会的最根本的问题：个人为什么要任职董事会以及董事会成员要承担什么职责。我们需要区别这两种类型的非营利性组织：（1）提供各种各样服务如医疗及其他保险计划的组织，这些组织不依赖于慈善捐款；（2）"非营利性慈善组织"，比如大学、乐团及博物馆，这些组织高度依赖于捐助者。我认为第一类非营利性组织的董事应获得报酬，而非营利性慈善组织的董事（或受托人）应无偿贡献。

私人基金会构成第三类非营利性组织，与第一类更为相似。因此，这类基金会，特别是大型的基金会，通常为其受托人提供报酬就不足为奇了。这种做法似乎是适当的。正如洛克菲勒基金会前总裁理查德·莱曼所解释的那样："在洛克菲勒，我们觉得有必要为受托人们提供报酬……这些人放弃了其他赚钱的方式而在洛克菲勒董事会任职。对于他们来说，就职洛克菲勒董事会带来利益的损失。"此外，基金会还经常比较受托人们对合格组织的慈善捐款。

我赞同为服务型非营利性组织董事提供报酬的主要原因是无偿服务让董事们觉得做什么或不做什么都是好的，因为他们是"义工"。而为这种非营利性组织的董事提供至少名义上的报酬则清楚地表明，组织预期他们提供重要的服务。《纽约时报》在多年前经历与帝国蓝十字和蓝盾组织的难题后认可了这一立场："报酬不能太高，并且由其他公司董事会成员发送一个信号——你被聘请做一项重要的工作，因此应好好地完成。"

为不属于非营利性慈善组织的服务型实体的董事提供报酬因为一个有关原因而有意义。法律责任取决于是否获有报酬：《纽约非营利性公司法》第 720（a）节使得纽约非营利性组织董事会获得报酬的董事承担的责任高于那些没有获得报酬的董事。提供直接的报酬还会阻碍不太明显的"额外补偿金"替代。在帝国蓝十字和蓝盾组织中，政府调查人员发现了为董事购买奢侈礼品的证据。显然，相应的马里兰州计划为巴尔的摩金莺公园的包厢支付 30 万美元，而且据说华盛顿计划的一位执行者"到百慕大、葡萄牙和瑞士考察这些地方是否适合召开蓝十字会议"。

为什么相同的观点不适用于包括依赖于慈善捐款组织在内的所有非营利性组织的董事呢？我认为在原则上是适用的。非营利性"慈善"组织的受托人应知道，他们也承担真正的责任，也应该有责任感，但是某些补偿考虑似乎更加强大。即使是象征性的薪酬也为降低他们对所任职组织的财政责任感及他们的慷慨解囊产生了不利影响。尽管寻求赠款的非营利性组织董事会的董事可以退还他们所呼呼的任何名义上的费用，就像他们作出其他贡献一样，但难以得知多少人会作出这个选择。此外，通过退还费用，一些受托人可能会觉得他们已经做了他们预期应做的事情。退还适度费用的机会可能加大了从所有董事会成员处获得有意义贡献的难度。

许多非营利性组织的危险财务状况也阻碍为受托人提供报酬。正如泰勒·雷弗利所指出的：

> "当没有足够的钱支付员工的生活费用，或者提供体面的办公场地及设备，或者需要躲避债权人时……就难以解释受托人们鸡毛蒜皮的费用了。"

对原则和目的的争论才是最强大的。罗伯特·戈欣呼应了许多人的意见：

> "老实说，我不赞同为类似大学、博物馆及研究机构的非营利性组织的受托人提供报酬的观点。我认为受托人们应该无偿服务，因为他们信奉组织正在做（或试图做）的事情并希望提供帮助以便做好（或做得更好）。如果他们不能作出这样的承诺，我怀疑即使适度的报酬也无法让他们更热心组织的发展。"

这些观点合在一起解释了董事会薪酬在营利性慈善组织中如此不同寻常的原因，且在我看来，还解释了为什么改变现行的惯例不明智的原因。

董事会评价

即将讨论的最后一个董事会机制就是用于凭借董事会自身运作好坏的方法。这种评价独立于对各个董事/受托人及首席执行官表现的评价。很多人都认同董事会的评价是必要的、有价值的，但是目前尚不清楚大多数董事会是否都制定了完善的、有效的评估程序。还存在一种敷衍塞责的倾向，不过即使仅为满足纽约证券交易所列出的要求而敷衍地审查董事会的表现也有所价值，尽管价值不大。

内部调查手段往往被用于征求董事们对一些问题的看法，如董事会是否合理管制战略问题？在会前是否有充分的信息流通？董事会会议上是否有足够的机会严肃地交流想法？董事会是否召开足够的秘密会议？这些会议是否有用？董事们对各个董事会委员会工作的满意程度如何？还可以提出更多的问题，但由于考虑到如实审查中查出的罪证也许被董事会用于诉讼，所以董事们并不会坦率地回答这些问题。为了避免这种危险，一些公司聘用外部律师领导评估过程，希望委托人特权保护他们结果的机密性。有的公司还可能聘请外部人士与董事会成员进行非正式访谈，因为公司相信当董事们与其认为客观公正的人交谈的时候，他们能更坦率。

当公司试验不同的方法时，寻找最佳办法是一项仍在进行的工作。在默克公司，由公司治理委员会主席兼主要董事负责，决定采取一对一的访谈交流，不再使用纸质问卷。董事会秘书出席大多数的访谈并做记录，但她借故接近尾声，使得主要董事能与进行访谈的董事交流。访谈部分基于提前分发的关于董事会表现的书面材料上的问题。这看似是一个不错的办法，但其结果还需仔细研究。

我相信，大多数董事会希望作出比现在更好的自我评价，但他们需要帮助以制定有效的程序。此外，尽管营利性组织董事会可以而且应该进行更好的自我评价，非营利性组织董事会更需要在此领域作出改善。许多人（或大多数人？）简单地认为他们做得很好。

*　　*　　*　　*　　*

本章讨论的有关董事会运作的方方面面看似普通，实际上也可能是普通的。但是谨慎构想委员会结构、董事会议程、董事会会议的召开、董事会成员"当选规定"及对如何处理冲突的理解都决定了董事会提供战略指导及监督的能力。同样，精心构想的更新董事会的方法（包括对董事会成员被终止任期的情形的识别）、敏感的薪酬政策及一致同意的董事会评价程序都是改善董事会表现的重要方法。

第8章 主题

在本书的最后一章，我确定了五个主题，指导我对董事会及其有效性的思考：

（1）了解董事会与其首席执行官/总裁之间的核心关系，并设法加强这种关系。

（2）招聘那些具备有效领导董事会所需特征的董事会成员，尤其是具备行动的勇气和意愿。

（3）按照能促进良好治理的机制，作出时间和资源方面的前期投资。

（4）区分营利性组织与非营利性组织中应该及不应该重合的治理方法。

（5）了解任职两种类型董事会的薪酬。

首席执行官——董事会的合伙关系

首席执行官/总裁与董事会之间工作关系的质量是决定两种类型组织有效性的重要因素。没有董事会和组织首席执行官之间的互助，难以实现（如果不是不可能的话）成功的治理。

当我写作第一本关于董事会的书籍时，营利性组织中的综合问题就是如何在鼓励明确的行政决策的机制与鼓励治理董事会进行合适监督的机制之间达到明显平衡。当时（1994年），这种平衡普遍倾向于首席执行官的方向。"首席执行官至高无上"的现象盛行。

我当时不相信，现在也肯定不相信，纠正这种失衡就是削弱首席执行官的力量。首席执行官必须是坚强的领导者。他们应作出明确结论，提倡决定性步骤并予以行动。等式的另一边也需要关注：董事会需要克服懒散。董事会应该探测问题的可靠来源，而且董事会成员必须是好评论家、好同事。强大的首席执行官及强大的董事会在很多方面可以互补，他们之间健康友好的紧张关系是适当的。许多非营利性组织的经验已令人信服地证明，超出伙伴关系的做法是有好处的。

在中间几年，尤其是"后安然时代"，在强化董事会角色以及在首席执行官与董事会之间建立更富有成效的伙伴关系方面已取得进展。2006 年斯宾塞—斯图亚特板指数开篇指出："董事会与首席执行官的关系正在发生变化，独立董事更强的代表性及参与度正改变着权力与规则之间的平衡。"

人们对独立非执行董事模式的兴趣日益高涨。在一般原则下，这种模式还是颇有道理的。然而，一些实际难题往往阻碍人们采取这种模式，至少现在是这样。这些实际难题包括首席执行官感觉地位的丧失及寻找愿意担任非执行董事的杰出人才的挑战。至少在美国的大型企业中主要董事的模式已经成为最受青睐的选择，现在更是成了标准。这是朝着正确方向迈出的一步。然而，我怀疑采取主要董事的模式将被证明只是一个过渡阶段，随着时间的推移（也许可以肯定，在相当长的时间里），将找到办法克服制度化非执行董事模式的实际障碍。

其他重要的发展包括定期召开秘密会议（现已广泛普及）及预期独立董事负责挑选新董事会成员；更加关注首席执行官的定期评估，比以往更加愿意采取终止表现不佳的首席执行官任期的方法。此外，人们越来越认识到，前首席执行官不应继续在他们曾领导过的公司的董事会中任职。

尽管有了这些深刻的变化，董事会仍提心吊胆、犹豫不决地处理这些相当突出的问题。由于需要新首席执行官的公司的董事会本身往往看不到变革的必要及采取行动的必要，所以改变首席执行官这一领导层是很麻烦的。

另外一种常见的问题就是许多薪酬委员会在建立基于首席执行官表现的可靠薪酬体系方面不太成功，但我也看到了在这方面出现进步的迹象。企业董事会在管理继任规划及寻找新领导班子的方法上还有改进的空间。

列表中最后一项未完成的任务就是持续地关注董事会的系统建设及更新，直率地面对失职的董事，并考虑采用强制性退休和灵活任期限制相结合的方法来确保人员更替的适当程度。

毫无疑问，积极的股东、媒体的热切关注、政府监管机构和法院对董事会施加的日益强大的压力带来了治理上的一些变化。在营利性及非营利性组织中，信息披露及其透明度比以前都更显著。当然，任何基础的、有益的变化都可以发展到极致，一些评论员（特别是马丁·利普顿）认为："我们不会继续攻击董事会。"利普顿提出问题："以董事为中心的治理方式向以股东为中心的治理方式的转变压制了美国企业？"利普顿的具体担忧就是活跃的投资者将强迫董事会管理短期股价升值、过渡召开秘密会议以及因为时间要求和媒体报道丑闻可能导致的尴尬情形而无法聘请足够多的优秀董事。

我赞同利普顿的意见，他认为不能用如此繁重的、使人分心并受到烦扰的官僚主义要求压制董事会，董事会需要抵制来自各方的愚蠢建议，但我更乐观地认为可以达成实际合理的平衡。在我看来，利普顿过分倾向于维护董事会过去需要改进的做法。总体而言，公司董事会的结构和运作比十年前更健全，大多数首席执行官及董事会之间的工作关系也有了很大的改善。

在非营利性组织中，总裁或执行董事及其董事会之间权力的合理分配也引起了关注，但是这个难题的"方向"，如果有的话，很可能与营利性组织中的情形相反。在非营利性组织中，在执行权和董事会监督权之间找到适当的平衡可能更需要加强首席执行官的力量而不是加强董事会的权力。有时候，依照职权，总统或执行董事甚至不具备董事会成员的地位，并使得他们觉得他们只是提供有偿帮助，开展由董事会既定的计划。当然，所有参与者都承担不尽如人意的关系导致的责骂。非营利性组织的总裁及执行董事有时也不愿意在必要时领导董事会或承担董事会的职责。同时，非营利性组织董事会，因其董事长与相当大的董事会权力长期分离的历史，其比营利性组织董事会更有可能过度参与组织的管理。

两种类型的组织需要的是健康的伙伴关系。幸运的是，人们往往发现两种类型的组织中也确实存在着健康的伙伴关系。基于个人的经验，我能证明非营利性组织的总裁与其董事会（特别是董事长）之间的关系是令人满意的。作为一所研究型大学的校长及一个大型基金会的总裁，我有幸与优秀的受托人们共事。从我的观点来看，这些董事会的领导者们都是亲密的同事及伙伴，我从他们身上学到了很多。

行动的勇气和意愿

董事/受托人最重要的特征就是行动的勇气和意愿。这是好几位评论员（最值得注意的就是布鲁斯·阿特沃特和拉里·博西迪）反复阐述的论题。我完全同意他们的观点。现实情况是，缺少有勇气的董事，就不能作出任何艰难的决定。耐心等待问题自行消失的方法具有相当大的诱惑力。我见过太多的实例，需要做什么已然非常明显，只是很难采取行动。在此情况下，我责怪自己及董事会同事太有耐心。至少，董事和受托人需要提出最具挑战性的、任何人可能都不想听到的问题，然后坚持不懈地努力直至得到满意的答案。

在非营利性组织中，坐等事态的发展可能是更致命的，因为没有市场去投自己的票。企业中长期的无作为有可能导致股价下跌、投资者的恼怒及媒体敌意的审查。非营利性组织中的许多部分都极不相似，但收入下降、注册率下降或参与度下降、资金筹措不足及捐款缩减等都是出现麻烦的重要提示。

当一个非营利性组织已完成了目的、失去了使命感或完全耗尽了精力时，我强烈主张有尊严地退出。前面提过的威尔逊学院和布里奇波特大学以及最近（可能）关闭的安提俄克学院说明了采取果断行动的困难。因为非营利性组织的表现往往违反简单的评估，在相当长的时间内忽视了疲软的领导，仅剩存活的目标，这是绝对不应该的。美国国税局列出的非营利性慈善组织的长长清单，包括那些事实上已经不运转的组织在内，证明了修建非营利性组织这棵大树的难度。

董事和受托人的另一个关键特征就是控制自我的能力。任何人都不应企图长时间占据在舞台中心。董事会机制的治理主要是一项集体运动，每个董事会成员都必须明白董事会承担着集体监督的职责。所有董事会成员都应认识到他们是作为一个集体做出决策，每个人都应大胆表达自己的想法。最有能力的董事会成员必须心胸开阔，能够听取别人的意见，能在具备有说服力的理由时改变自己的决定。他们具备在组织中集体合作的能力，即使该组织中权力分配模糊，人际关系复杂。管理这样的组织一般容易得多。

公司治理上的投资

适当的治理安排可以使得董事会的合作伙伴——首席执行官顺利开展工作，还可以促进锻炼勇气及集体决策的有效形式。设想周密的机制使得独立董事有机会提名并更换同事，影响董事会的议程，积极参与制定战略方向，监督管理业绩，处理冲突问题，解决任何适应性问题并坦率讨论首席执行官及其团队授予的领导权。

我对于花费时间思考更有趣的实质性问题有一种根深蒂固的厌恶感，经验帮助我克服了这个毛病。我了解到过程中的问题一般在事后较难处理，我也开始相信建立良好的机制在前期所需投入的时间和精力可以派发股息。一旦采取了良好的机制结构，一旦董事及管理层习惯于使用它们，对于治理的担忧就可以发挥其在幕后的合法作用。毕竟，总的目的就是建立能够允许董事和受托人注重实质内容的机制。治理是达到目的的手段，并不是用来赞美的。具讽刺意义的就是，缺少对治理的管制往往引发对于决策过程是否费时、紧张及具破坏性的争辩。目标应该是建立一种能满足合理规范、进行常规操作及相对省力的治理体系。

然而，必须明确指导原则和惯例。董事会成员应该牢记做正确的事情。我曾参加过首席执行官参与全商议过程的提名委员会会议，因为没有人记得外部董事理应有机会单独讨论可能的被提名人。在大多数情况下，服从形式是不重要的，但是明确了解惯例能减少尴尬并增加适当履行职责的可能性。正如一位物理学家朋友（已故的亚伦·莱蒙尼克）在另一场合说的："理所当然的事情肯定应该说出来。"他其实就是说，如果你认为每个人都已经知道了这一点，一定要将它写在黑板上。

小的问题如及时分发材料、提前通知提出讨论的重要议题、定期召开秘密会议及认真协调安排关键委员会的会议都是非常有帮助的。同时，正如我说过的，任何人都不应该赞美几乎看不到的机构的益处。著名的建筑师罗伯特·文丘里（Robert Venturi）的口头禅就是"千万别让细节动摇了卑鄙小人"，所以，尽管不引人注目，但必须掌握好细节。

文丘里关于在适当地方保持"细节"的告诫直接导致对于

过分注意适应性及谨慎处理问题这种情形的担忧。马丁·利普顿描述这种危险时说："激增的诉讼案件、认证要求、治理规则及个人责任增加的威胁都使得董事会在适应性、谨慎处理与调查方面花费更多的时间与精力，但较少关注公司的实际业务。"一个密切相关的危险就是董事会将变得过于谨慎及规避风险。保护自身是自然的，但是董事/受托人太过于自我保护，太倾向于从如何最好避免批评的角度来考虑问题。正如一份报告中警告的那样，"将风险最小化，而不是管理风险，似乎已经成为董事会的口头禅"。我认同这个一般性的主张，但我也注意到，私人股本公司中存在一种相反的风险：杠杆作用的吸引力如此强大，以致鼓励承担过多债务及过多风险，给接管公司债券持有人和其他投资者带来了真正的风险。

营利性和非营利性组织董事会的做法有相同之处吗？

　　非营利性组织董事会和营利性组织董事会应该彼此互相学习，即使我们认识到外部因素很难在两种类型的组织中产生影响。两种类型的组织都受益于知识的转移，因为很多人曾就职于两种类型组织的董事会，特别是许多营利性组织的董事也就职于非营利性组织董事会。在过去十年，两种类型组织中董事会的做法在如下两个重要方面具有共同之处。

　　第一，在确定结构方面，营利性组织董事会越来越类同于非营利性组织董事会。如今，不再常见首席执行官地位至高无上的大型公司。普遍采用主要董事的模式以及逐步采用独立非执行董事的模式意味着，营利性公司现在受益于更明确地共同分担那些对董事会本身及董事会如何履行职责产生影响的责任。运作良好的非营利性组织一般能在资源配置、如何以较少的资源完成任务及共同商议决策的优势方面为营利性组织提供指导。

第二，非营利性组织的治理更加正规，以健康的方式模仿了营利性组织的做法。非营利性组织董事会更加强调问责制，正迅速成立审计/合规委员会并采取了其他做法，比如定期审查总裁的表现及定期召开秘密会议。"战略规划"成为非营利性组织中的时髦话，对营利性公司已然相当熟悉的基准和其他技术的运用也更常见。

然而，非营利性组织可能会变成太过"商业化"。两种类型的组织在他们独特的使命及运作的"市场"方面存在根本的差异。简单地移植最佳做法可能没有成效。正如第4章所述，允许非营利性组织的领导者在更多的制约因素下发挥作用也许是明智的。非营利性组织董事会还必须比营利性组织董事会更细致入微地衡量业绩。企业使命难以准确界定，各种有影响力的参与者和支持者往往对其看法不一致。往往难以获得相关数据及分析，即使可以获得这些资料，也需谨慎对待。一天结束时，受托人必须作出涉及战略方向及表现的判断。

为董事会服务的奖励

营利性组织董事会及非营利性组织董事会对于组织成败的影响超过了大多数人的想象，其薪酬必须至少与他们的职责及优秀人士工作时间的"市价"大致匹配。在营利性组织中，适当的薪酬及费用是补偿董事会成员的主要方式。然而，即使在营利性组织中，个人任职于董事会的原因几乎总是超越了对金钱的考虑。

声望显然是一个考虑因素（有时是一个重要的考虑因素），还包括这个问题的有趣特性、了解实质性问题的多种机会、在与来自不同背景同事的密切交流中获得的智慧。在默克公司，我很荣幸地参与了关于分子生物学、生命科学及全球的医疗保健问题的研讨会。在美国运通公司，通过观察一个运作极其良好的公司如何处理与瞬息万变的金融市场和全球支付方式相关的问题，所有的董事会成员都有机会学到很多经验。

非营利性组织董事会很少为其董事会成员支付报酬，因此这类组织中的奖励不得不采取其他的形式。同样，声望及学习机会也是重要的考虑因素。在很多非营利性组织中，作出好坏判断的标准非常灵活。积极参与制定方向、作出选择以及吸引那些坚定地致力于公益事业的杰出人士都能激励他人并使人满足。任职于所有类型的董事会都是愉快且充满挑战的。一位评论员告诉我，他享受在私人控股公司的董事会任职的原因就是工作中没有很多麻烦，而且都是"非常有趣"的实质性内容。

我认为任职非营利性组织董事会更大的奖励就是提供机会作出持久的重大贡献。正如酸雨的发现者、生态系统研究院院长吉恩·莱肯斯（Gene Likens）在退休时所说的那样："世界上真正重要的机会是很少的。"

美国社会的特征就是志愿团体的数量和活力，这些团体组织旨在提供社会公共服务。这种典型的处理社会需求的美国式做法的成败取决于繁忙的、有才华的个人担任受托人的意愿。因为这种职务最多只能获得适度的货币奖励，而且通常是无报酬的，我们很感激那么多人将为公益事业奋斗当作对自己最高的奖励和特权，但是我得强调这只是我个人的看法。